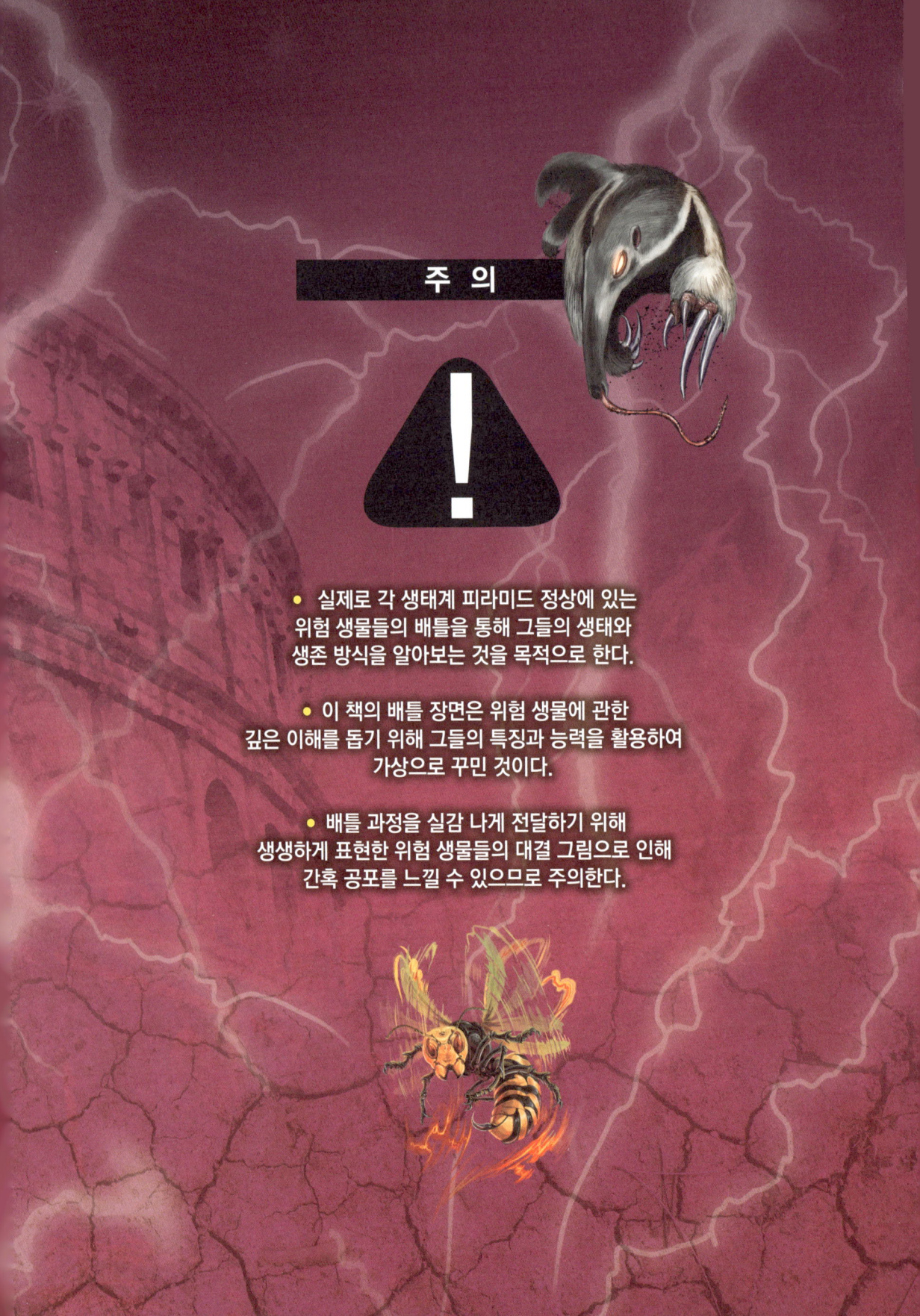

주 의

- 실제로 각 생태계 피라미드 정상에 있는 위험 생물들의 배틀을 통해 그들의 생태와 생존 방식을 알아보는 것을 목적으로 한다.

- 이 책의 배틀 장면은 위험 생물에 관한 깊은 이해를 돕기 위해 그들의 특징과 능력을 활용하여 가상으로 꾸민 것이다.

- 배틀 과정을 실감 나게 전달하기 위해 생생하게 표현한 위험 생물들의 대결 그림으로 인해 간혹 공포를 느낄 수 있으므로 주의한다.

頂上決戦! 世界の危険生物 最強王決定戦

<CHOJO KESSEN! SEKAI NO KIKEN SEIBUTSU SAIKYOOU KETTEI SEN>
Copyright © Creature Story 2021
First published in Japan in 2021 by Seito-sha Co., Ltd.
Korean translation rights arranged with Seito-sha Co., Ltd.
through JM Contents Agency Co.
Korean edition copyright © 2022 by Glsongi Co., Ltd.

이 책의 한국어판 저작권은 JMCA 를 통한 저작권자와의 독점 계약으로 ㈜글송이에 있습니다.
저작권법에 의하여 한국 내에서 보호를 받는 저작물이므로 무단 전재와 무단 복제를 금합니다.

일러스트 : 아이마 타로(e-loop), icula, 괴인후쿠후쿠, 가와사키 사토시, 구보타 코지,
정신암흑가 코우, 나가이 케이타, 난바 키비
디자인 : 시바 토모유키(STUDIO DUNK)
사진제공 : iStock, photolibrary, PIXTA, Aflo, amanaimages,
Antroom, 토마마에쵸
편집협조 : 와카사 카즈아키(STUDIO PORTO)

2025년 1월 20일 개정판 4쇄 펴냄

편저자 · Creature Story   **옮김** · 고경옥
펴낸이 · 이성호   **펴낸곳** · (주)글송이
편집/디자인 · 이유미, 김현경, 임주용
마케팅 · 이성갑, 윤정명, 이현정, 문현곤, 이동준
경영지원 · 최진수, 이인석, 진승현

출판 등록 · 2012년 8월 8일 제 2012-000169호   **주소** · 서울시 서초구 능안말 1길 1(내곡동)
전화 · 578-1560~1   **팩스** · 578-1562   **이메일** · gsibook01@naver.com

ISBN 979-11-7018-622-9 74080
     979-11-7018-616-8 (세트)

*잘못 만들어진 책은 바꾸어 드립니다.

위험 생물 최강왕 배틀 개최

어떤 위험 생물이 참가했을까?

위험 생물 최강왕 배틀에는 지구에 존재하는 생물 중 각각의 생태계에서 모두가 두려워하는 생물이 출전한다. 각 생태계 피라미드의 정상에 올라 있는 맹수이지만, 다른 생태계의 맹수와 맞닥뜨렸을 때 전투력의 우위가 명확해진다. 크기와 무게, 몸의 구조, 지능과 성질 등이 전혀 다른 생물들이 펼치는 배틀로, 실제 자연계에서 일어나지 않는 일이다. 상상을 뛰어넘는 배틀을 관전하며 각 생물에 대해 더 많은 정보를 알 수 있는 것도 이 대회의 매력 중 하나이다.

목표는 결승 토너먼트 진출!

최강왕 배틀에서 우승하기 위해서는 일곱 번의 시합을 치러야 한다. 예선전에서 세 번의 대결을 벌여 승패에 따라 얻는 점수로 결승 토너먼트 진출을 결정한다.(점수 획득 규칙은 아래와 같다.) 예선전은 32종의 생물이 여덟 그룹으로 나뉘어 치러진다. 그룹은 생물의 크기별로 1~4번까지 분류한 후에 추첨하여 최종으로 결정했다. 각 그룹에서 체격의 크기가 다른 생물의 대결이 차례로 펼쳐진다. 실력뿐 아니라 시합의 흐름과 배틀 상대와의 운도 배틀 결과에 영향을 준다. 결승 토너먼트는 예선전 순위에 따라 추첨으로 결정한다.

서로 다른 생태계의 생물들이 맞붙다!

숲이나 평야에 서식하는 생물이 물속과 사막에서 어떻게 능력을 발휘하는지도 관전 포인트이다. 수중 생물이 육지 생물에게 어떤 공격을 시도하고, 육지 생물이 공중 생물을 어떻게 위협할지, 생물학자조차 예측할 수 없는 싸움의 전개와 결과에 눈을 뗄 수 없을 것이다.

한편, 날씨와 환경의 변화는 생물의 신체에 영향을 주지 않는 것으로 하며, 체격 차이가 클 때는 배틀의 현장감을 연출하기 위해 실제와는 다른 크기로 묘사할 때도 있다.

점수 획득 규칙

승리 → 승점 3점
◎ 상대에게 타격을 입혀서 전투 불가능 상태가 되었을 때
◎ 상대의 전투 의욕을 빼앗아 항복시켰을 때

무승부 → 승점 1점
◎ 양쪽 모두 타격을 입어 전투 불가능 상태가 되었을 때
◎ 양쪽 모두 전투 의욕을 잃고 배틀을 멈출 때

패배 → 승점 0점
◎ 타격을 입어 전투 불가능한 상태가 되었을 때
◎ 전투 의욕을 잃고 배틀을 멈출 때

예선전

그룹 A | 그룹 B | 그룹 C | 그룹 D | 그룹 E | 그룹 F | 그룹 G | 그룹 H

 각 그룹의 상위 두 생물(총 16종)이 결승 토너먼트 진출

결승 토너먼트

1라운드
- 배틀 1 ➡P152
- 배틀 2 ➡P154
- 배틀 3 ➡P156
- 배틀 4 ➡P158

준준결승
- 배틀 1 ➡P172
- 배틀 2 ➡P174

준결승
- 배틀 1 ➡P182

결승전 ➡P186

준결승
- 배틀 2 ➡P184

준준결승
- 배틀 3 ➡P176
- 배틀 4 ➡P178

1라운드
- 배틀 5 ➡P160
- 배틀 6 ➡P162
- 배틀 7 ➡P164
- 배틀 8 ➡P166

출전 위험 생물

그룹 A  → P13

기린	사자	점박이하이에나	줄무늬스컹크

→ P14	→ P15	→ P16	→ P17

그룹 B  → P29

범고래	북극곰	침팬지	고깔해파리
			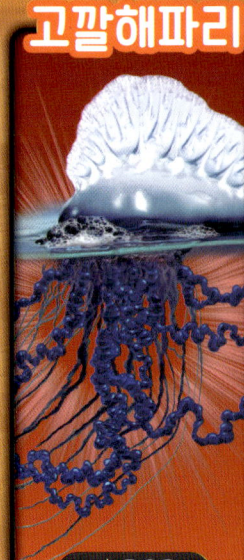
→ P30 	→ P31	→ P32	→ P33

그룹  ➡ P47

아프리카코끼리	얼룩무늬물범	큰개미핥기	두건피토휘

➡ P48	➡ P49	➡ P50	➡ P51

그룹  ➡ P63

아프리카물소	코모도왕도마뱀	회색늑대	데스스토커

➡ P64	➡ P65	➡ P66	➡ P67

그룹 G  ➡ P115

그린아나콘다

➡ P116

시베리아호랑이

➡ P117

화식조

➡ P118

흡혈박쥐

➡ P119

그룹 H ➡ P131

바다악어

➡ P132

전기뱀장어

➡ P133

부채머리수리

➡ P134

흡혈메기

➡ P135

배틀의 6가지 규칙

1 배틀은 1대 1로 겨룬다

모든 배틀은 1대1로 맞붙는다. 배틀에 동료를 끌어들이면 그 즉시 반칙패가 된다. 또한 자연계의 포식 관계는 무시하며 수컷과 암컷 중 힘이 센 쪽이 출전한다.

2 자연계 무기는 사용 가능

나뭇가지나 돌 등은 무기로 사용할 수 있다. 또한 바다의 파도와 물결을 이용하는 방법도 인정된다. 다만, 다른 생물을 싸움에 이용하거나 인공적인 무기를 사용하면 반칙패가 된다.

3 무승부와 기권

실격패는 없다. 따라서 양쪽 모두 쓰러져 정신을 차리지 못할 때는 무승부가 된다. 또한 승산이 없다고 판단해 기권했을 때는 패배 처리한다.

4 부상은 회복한 뒤 경기를 치른다

모든 배틀에서 실력을 발휘할 수 있도록 이전 배틀의 부상은 완전히 회복한 뒤에 경기를 계속한다. 위험 생물의 공격은 죽음의 경계를 오가지만, 목숨을 잃지는 않는다. 단, 독을 가진 생물의 독이 나중에 영향을 끼치는 경우도 있다.

위험 생물 번외 편

위험천만 생물들!

배틀과 배틀 사이에 본 대회에 출전하진 않았지만 마찬가지로 위험한 생물들을 소개한다.

위험 생물의 충격 사건

위험 생물이 인간에게 피해를 준 사건, 혹은 그 생물의 습성 때문에 벌어진 사건을 소개한다.

5 배틀 장소와 시간

배틀은 '위험 생물 배틀 전용 경기장'에서 치러진다. 숲과 평야, 사막, 바다, 물가, 공중 경기장 중에 배틀 장소를 선택한다. 시합 시간은 무제한이다.

6 우승자의 명예

아래 조건으로 예선 리그 각 그룹의 상위 두 생물이 결승 토너먼트에 진출한다. 토너먼트의 최종 우승자에게는 '최강왕 위험 생물'이라는 칭호와 함께 우승컵을 수여한다.

결승 토너먼트 진출 규칙

❶ 승점 - 승점이 많은 상위 두 생물이 결승에 진출한다.

❷ 직접 대결 - 동점일 때는 직접 대결했을 때 이긴 쪽의 순위가 높아진다.

❸ 추첨 - 직접 대결까지 무승부일 때는 추첨으로 결승 토너먼트 진출자와 순위를 정한다.

이 책의 본문 구성

출전 위험 생물 소개

- 예선 그룹
- 위험 생물 이름
- 위험 등급
- 실제 사진

능력치
5개의 능력을 5단계로 나타낸다.

▶ 파워
체력·힘의 세기

▶ 스피드
빠르기·이동 속도

▶ 난폭성
공격적인 성질의 정도

▶ 지능
영리함·지혜

▶ 기술
특별한 공격 방법
다양한 전술

- 출몰 지역
- 위험 생물 정보
- 위험 생물 특징

배틀 장면

- 배틀 관전 포인트
- 승리자

예선 그룹
결승 토너먼트에서는 '1라운드', '준준결승' 등으로 표시된다.

- 배틀 출전 생물
- 배틀 과정
- 생물의 생태 설명

배틀 결과표
(예선전만 해당)

치러진 모든 배틀의 결과를 나타낸 표이다.
색칠된 부분이 이번 배틀의 결과이다.

● : 승리, 3점
▲ : 무승부, 1점
✕ : 패배, 0점

사자

그룹 **A**

위험성 **A** 등급

파워 / 스피드 / 난폭성 / 지능 / 기술

사냥을 위해 태어난 동물의 제왕

주로 암컷이 사냥에 나서지만, 단독으로 행동하는 수컷이 싸움을 벌일 때도 있다. 힘과 스피드를 두루 갖추었으며, 두꺼운 발바닥으로 몰래 다가가다가 시속 60km의 속도로 먹잇감을 향해 달려든다. 갈기는 급소인 목을 방어하는 역할을 한다. 무리 지어 행동하지만, 혼자일 때도 강하다.

출몰 지역: 아프리카

위험 생물 정보
- 몸길이 : 2.4m~3.3m
- 몸무게 : 120kg~250kg

점박이하이에나

그룹 A

위험성 B 등급

출몰 지역: 아프리카

뼈까지 잘게 씹어 먹는 사바나의 청소부

사자가 사냥한 시체를 찾아다닌다고 알려져 있지만, 직접 사냥에 나서기도 한다. 시속 60km의 속도로 5km에 이르는 거리를 끈질기게 추격하며, 붙잡히면 턱과 어금니로 생물의 뼈까지 조각조각 으깨서 씹어먹는다. 무리를 이루어 공격하면 거대 생물도 도망칠 만큼 위력을 발휘한다.

위험 생물 정보
- 몸길이 : 1.2m~1.4m
- 몸무게 : 40kg~85kg

줄무늬스컹크

그룹 A

위험성 C 등급

엉덩이에서 악취를 내뿜는 방귀 대장

적이 다가오면 앞다리로 땅을 두드리거나 꼬리를 세워서 위협한다. 그래도 가까이 다가오는 적에게는 항문 옆에 있는 기관에서 지독한 냄새의 액체를 분사한다. 그 냄새는 몇 개월이 지나도 사라지지 않아, 줄무늬스컹크를 공격하는 생물은 드물다.

출몰 지역: 북아메리카, 남아메리카

위험 생물 정보
- 몸길이 : 50cm~80cm
- 몸무게 : 0.7kg~2.5kg

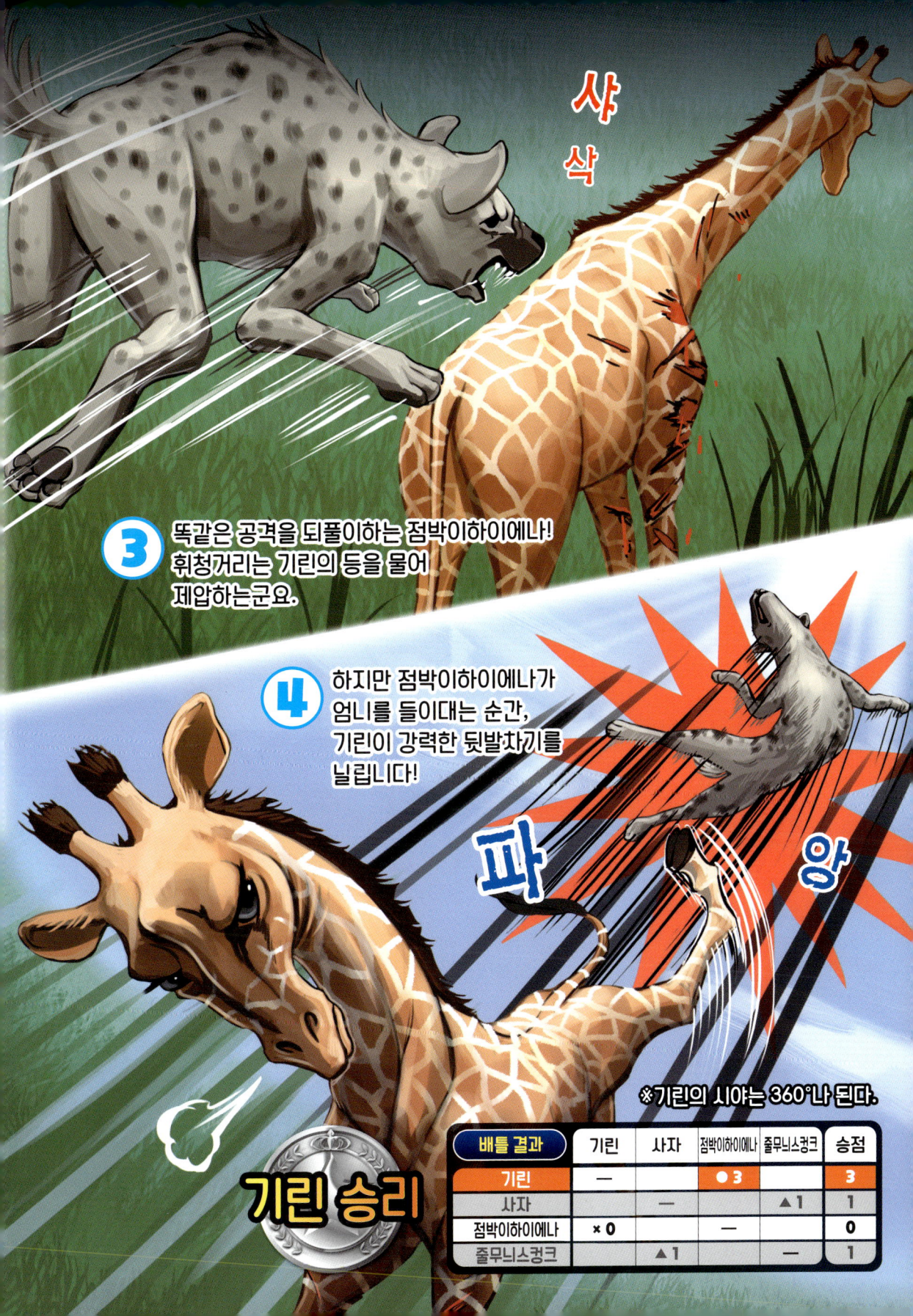

결과 발표

결승 진출

1위 사자

2승 1무로 승점 7점
점박이하이에나의 반칙으로 예선 1위 통과!

2위 기린

2승 1패로 승점 6점
아슬아슬하게 마지막으로 예선 통과!

배틀 최종 결과	기린	사자	점박이하이에나	줄무늬스컹크	승점
기린	—	×0	●3	●3	6
사자	●3	—	●3	▲1	7
점박이하이에나	×0	×0	—	×0	0
줄무늬스컹크	×0	▲1	●3	—	4

예선 탈락

점박이하이에나

3패로 승점 0점
예선전 그룹 최하위!

줄무늬스컹크

1승 1무 1패로 승점 4점
3위로 결승 진출 실패!

A그룹 배틀 포인트

싸움의 고수인 사자는 상대방을 가볍게 물리쳤으며, 기린 역시 파괴력 넘치는 발차기로 승리를 거두었다. 점박이하이에나는 방심과 반칙으로 아쉬운 결과를 낳았고, 줄무늬스컹크는 힘과 전술 면에서 부족한 모습을 보였다.

북극곰

그룹 **B**

위험성 **B** 등급

파워 / 스피드 / 난폭성 / 지능 / 기술

출몰 지역: 북극

발톱과 엄니로 북극을 다스리는 제왕

땅 위 육식 맹수 중 가장 크며, 바다를 헤엄치고 땅과 얼음 위를 질주한다. 강력한 펀치와 몸의 무게를 실어 상대를 물어 버리는 엄니로 적을 제압한다. 지능도 높아서 얼음 위에 숨어 있다가 발톱을 휘둘러 먹잇감을 낚아챈다. 발바닥까지 덮고 있는 특수한 털과 두꺼운 지방으로 온몸을 보호한다.

위험 생물 정보
- 몸길이 : 1.6m~2.5m
- 몸무게 : 800kg

그룹 **B**

침팬지

위험성 **C** 등급

파워 / 스피드 / 난폭성 / 지능 / 기술

출몰 지역
아프리카 중부

교활하고 속임수에 능한 유인원

긴 팔로 나무 사이를 자유롭게 다니며, 악력은 인간의 두 배나 된다. 수컷을 중심으로 무리 지어 행동하고, 무리 안에서 순위 싸움을 벌이며 때로는 동료의 목숨을 빼앗는 잔혹한 면이 있다. 주로 식물을 먹지만 육식도 하며, 자연의 도구로 사냥감을 쫓아 날카로운 엄니로 숨통을 끊는다.

위험 생물 정보
- 몸길이 : 60cm~95cm
- 몸무게 : 30kg~60kg

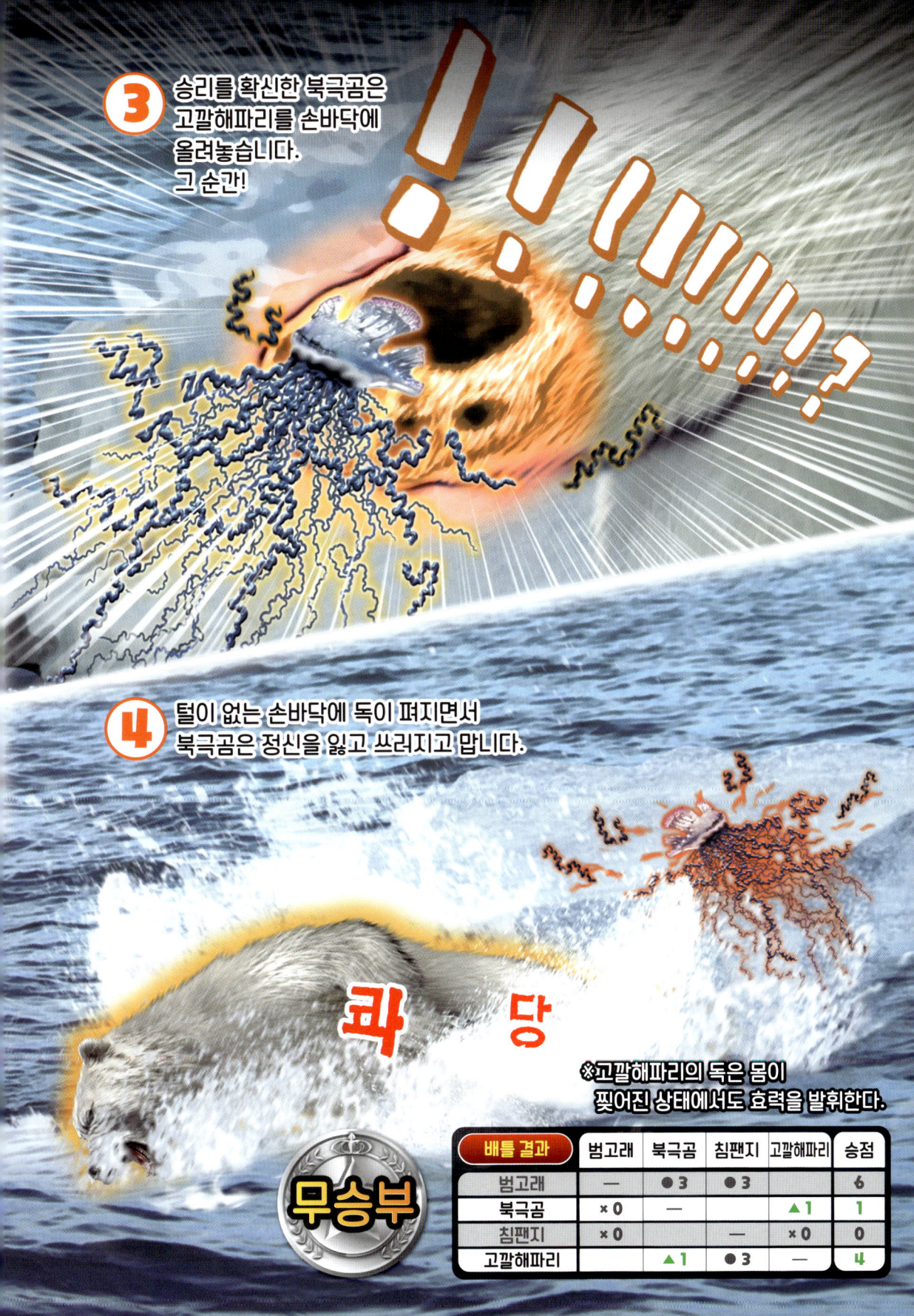

그룹 B

결과 발표

결승 진출

1위 범고래
3연승으로 승점 9점
무패로 예선 통과!

2위 북극곰
1승 1무 1패로 승점 4점
추첨으로 결승 토너먼트 진출!

배틀 최종 결과	범고래	북극곰	침팬지	고깔해파리	승점
범고래	―	●3	●3	●3	9
북극곰	×0	―	●3	▲1	4
침팬지	×0	×0	―	×0	0
고깔해파리	×0	▲1	●3	―	4

예선 탈락

고깔해파리
1승 1무 1패로 승점 4점
추첨으로 안타깝게 3위!

침팬지
3패로 승점 0점
전패하며 그룹 최하위!

B그룹 배틀 포인트
몸집이 거대한 범고래는 바다 배틀에서 압도적으로 강했다. 북극곰과 고깔해파리는 동점을 획득했지만, 승리의 여신은 북극곰의 손을 들어 주었다. 침팬지는 다양한 작전을 써 보았지만 통하지 않아 전패하고 말았다.

더 궁금한 위험천만 생물들!
바다에 몸을 숨긴 위험 생물의 제왕!

백상아리

범고래 외에는 적수가 없다!

상어는 바다 생물뿐 아니라, 육지의 포유류나 조류도 먹잇감으로 삼는다. 백상아리는 상어 중에서도 가장 위험한 존재이다. 피부는 사포처럼 거칠고, 약 7cm의 뾰족한 이빨은 300개가 넘으며 빠져도 몇 번이고 다시 솟아난다. 높이 점프할 수 있고, 작은 생물은 단번에 찢어 삼킬 수 있다. 바다에서 천적은 범고래뿐이다. 몸통이 뒤집히면 움직일 수 없는 것이 약점이다.

위험성 B 등급

몸길이는 약 6m이다. 세계의 온대·열대 바다에 서식한다.

동갈치

빛나는 물체에 총알처럼 덤벼든다!

작은 물고기를 잡아먹어 다른 생물에게 위험하진 않지만, 상대방을 사냥감으로 착각했을 때는 위협적인 존재가 되기도 한다. 동갈치는 빛에 반응하는 습성이 있어, 어선에서 비추는 불빛을 반짝이는 비늘이라고 착각해 덤벼들곤 한다.
몸이 길쭉하고 주둥이가 뾰족해서 시속 60km~70km로 달려들면 화살을 쏘는 것처럼 강력하다.

위험성 C 등급

몸길이는 약 1m이다. 러시아 남동부, 한국·중국·일본 바다에 서식한다.

더 궁금한 위험천만 생물들!

영리하면서 난폭한 영장류

강화 유리를 맨손으로 깨부수는 괴력!

서부고릴라

우두머리를 중심으로 무리 지어 행동한다. 성격이 온화해서 다른 생물을 공격하진 않지만, 적이 자신의 영역에 침입하면 난폭해진다. 체격은 인간과 비슷하고, 몸무게는 씨름 선수급이다. 손으로 강화 유리를 깨부술 정도의 위력을 지녔으며, 악력은 인간의 10배이다. 가슴을 두드리며 적을 위협하고, 날카로운 엄니로 무는 힘은 불곰보다 강력하다.

위험성 B 등급

몸길이는 170cm~180cm이고, 몸무게는 140kg~180kg이다. 아프리카 중부에 서식한다.

망토개코원숭이

낮에는 수컷 한 마리를 중심으로 집단생활을 하며, 밤에는 여러 무리가 모여 대규모 집단으로 움직인다. 성격이 난폭해서 적이 침입하면 엄니로 상대를 위협하고, 가끔 새나 작은 동물을 사냥해 손으로 찢어 먹기도 한다. 천적은 사자와 표범, 하이에나 등이 있으며, 나무 위로 몸을 피하지만 나무 타기에 능숙한 표범에게서 도망치기는 어렵다.

초식과 육식을 오가며 먹잇감을 찢어 먹는다!

위험성 C 등급

몸길이는 50cm~80cm이고, 몸무게는 10kg~20kg이다. 중앙아시아나 아프리카 서부에 서식한다.

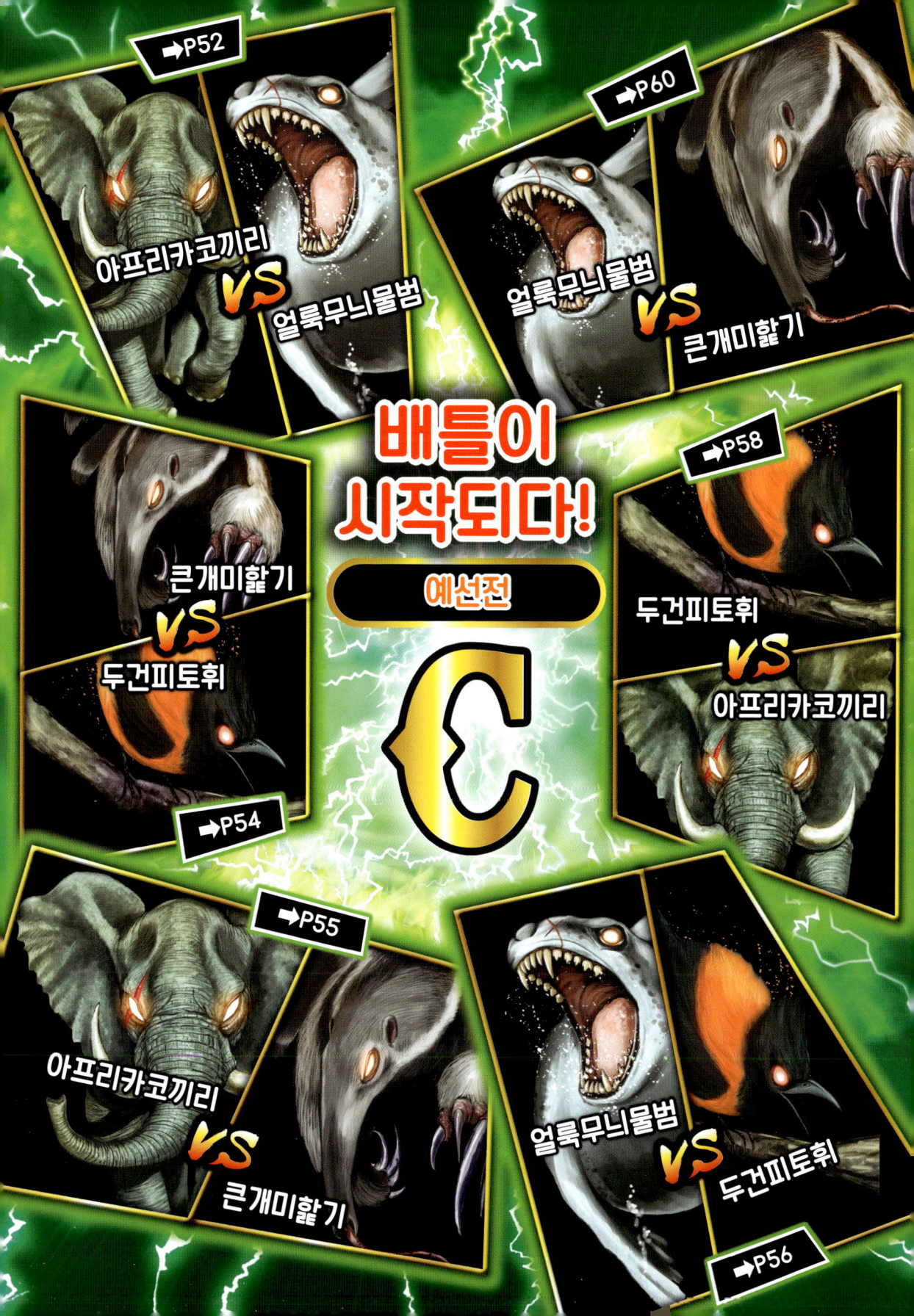

아프리카코끼리

그룹 C

위험성 A 등급

출몰 지역
아프리카

위험 생물 정보
- 몸길이 : 5.4m~7.5m
- 몸무게 : 4t~7.5t

화나면 아무도 못 말리는 거대 맹수

육지 생물 중에 가장 거대하지만, 초식 생물이며 성격은 온순하다. 동료 의식이 강해서 무리 지어 생활하고, 적이 도발하면 귀를 펼쳐 위협하며 돌진한다. 긴 코와 3m나 되는 엄니의 강력한 공격이 무시무시하며, 약 3cm에 이르는 두꺼운 피부는 다른 동물의 공격을 튕겨 낸다.

얼룩무늬물범

그룹 C

위험성 B 등급

상대를 무차별 공격하는 남극의 제왕

커다란 입을 벌려서 강력한 턱과 엄니로 단번에 먹잇감을 낚아챈다. 시속 40km로 헤엄치며, 얼음을 깨서 먹잇감을 물속으로 끌고 들어가거나 수면 위의 새를 사냥하기도 한다. 먹잇감의 기척을 느끼면 즉각 반응하며 바위로 위장해서 펭귄을 유인하는 등, 지능도 뛰어나다.

출몰 지역: 남극

위험 생물 정보
- 몸길이: 2.4m~3.5m
- 몸무게: 270kg~450kg

그룹 C

두건피토휘

위험성 C 등급

아름다운 모습 속에 독을 숨긴 새

선명한 오렌지색 깃털을 가진 작은 새이다. 전혀 위험해 보이지 않는 아름다운 외모지만, 깃털의 독성은 깃털 한 개로 인간 한 명의 목숨을 빼앗을 정도로 강력하다. 이 독을 두려워해서 뱀과 같은 동물이 공격하지 않는다. 잡아먹는 곤충의 독을 몸 안에 저장해서 근육에도 독성이 있다.

출몰 지역: 뉴기니

위험 생물 정보
- 몸길이 : 23cm
- 몸무게 : 65g

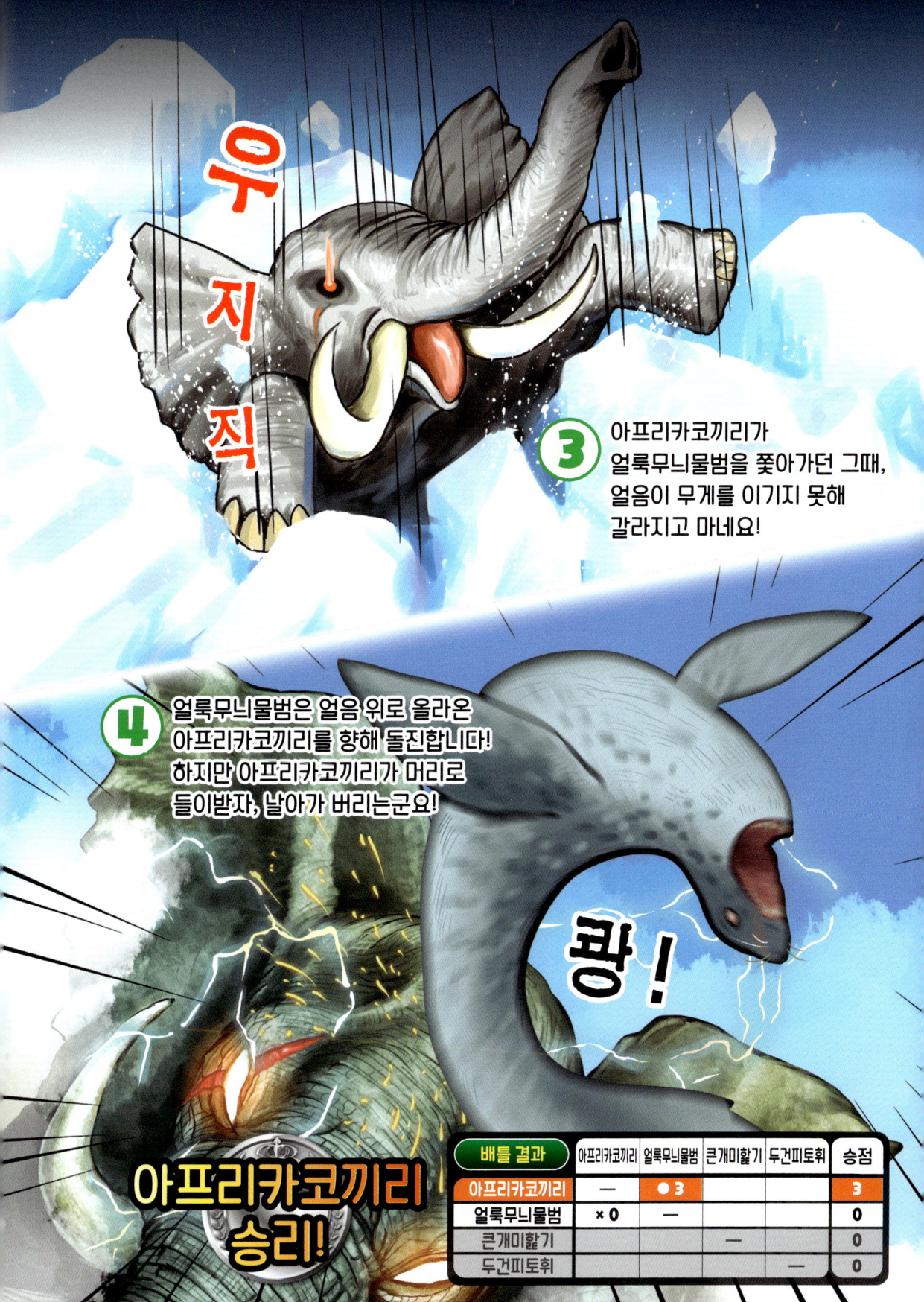

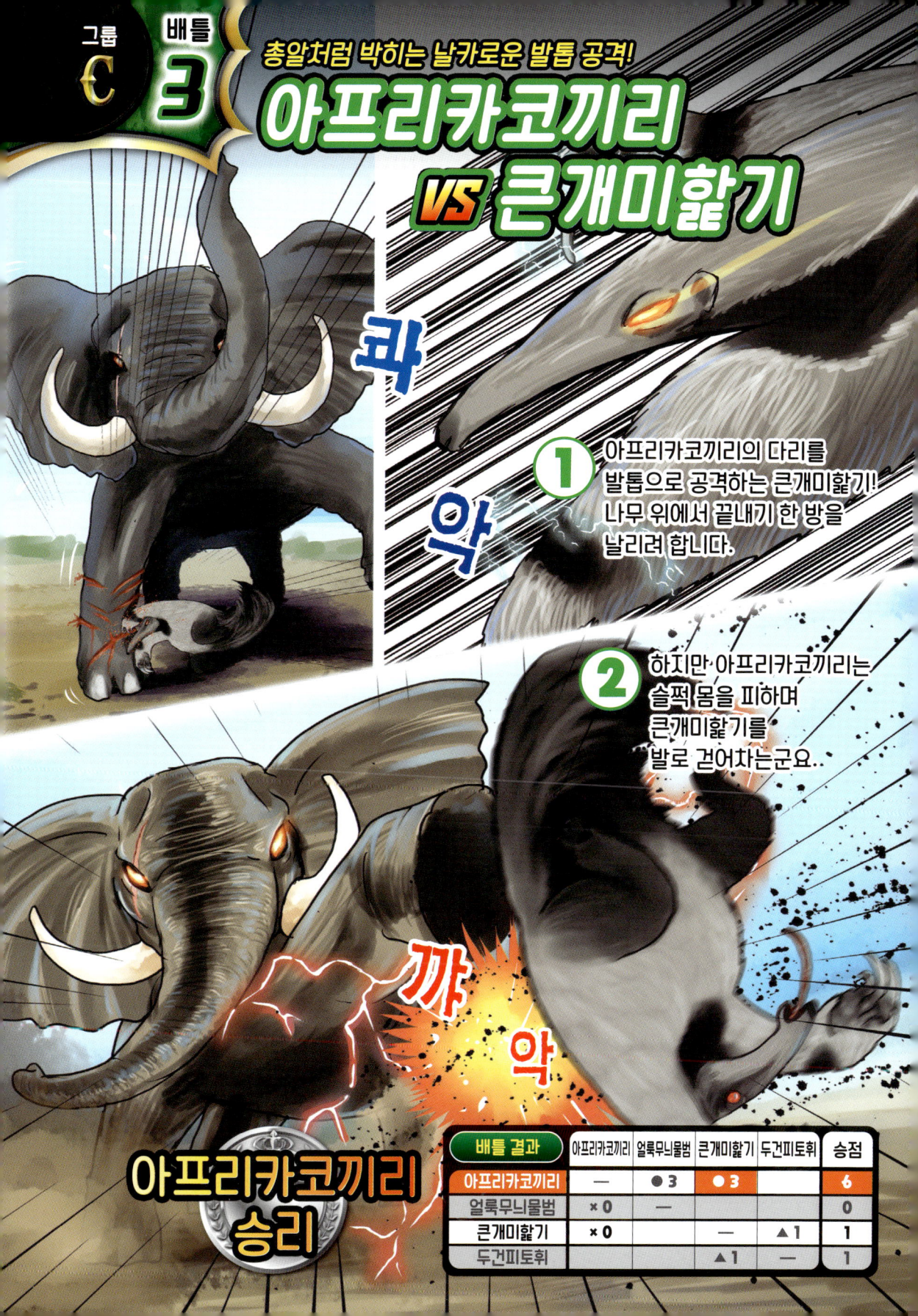

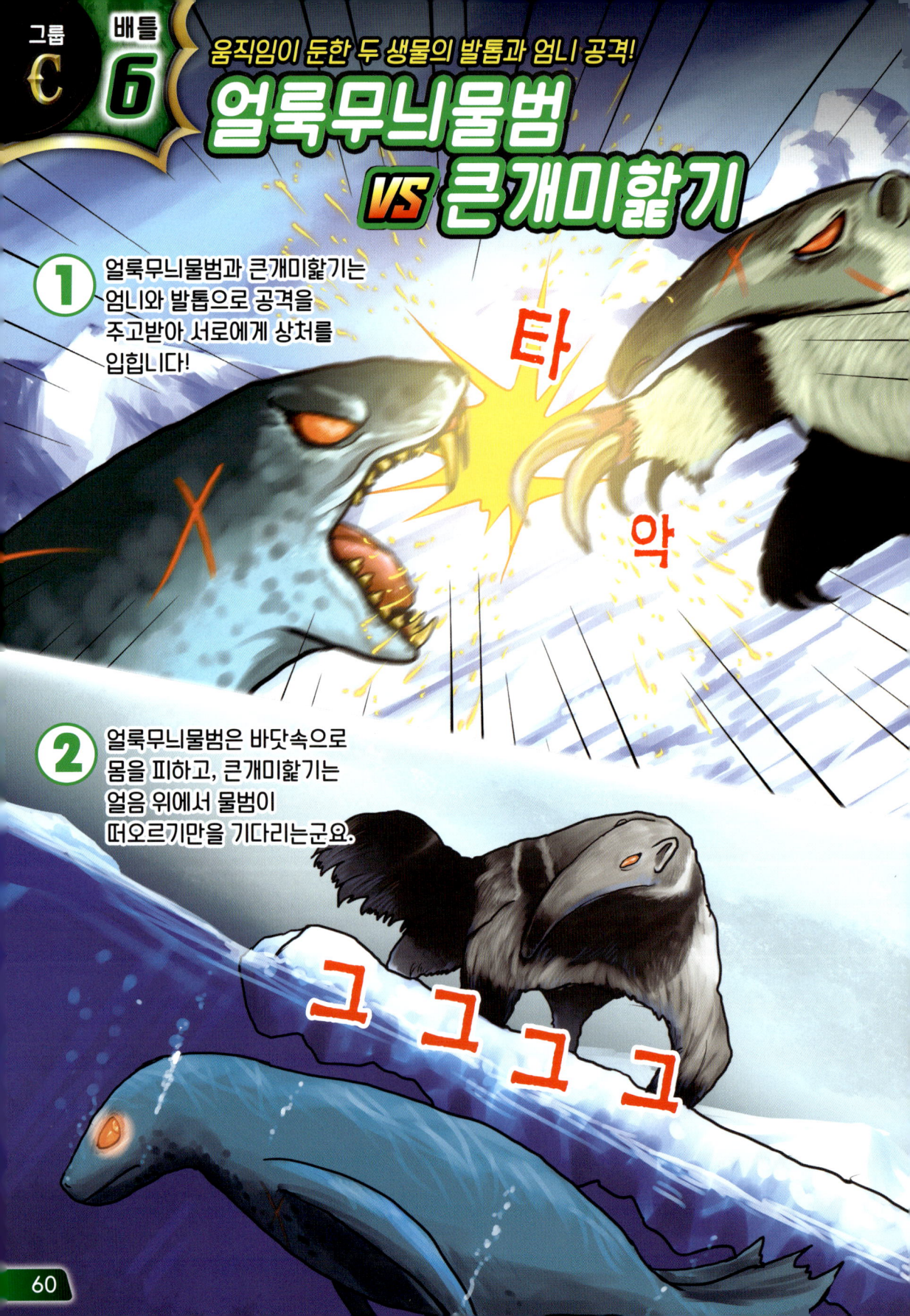

그룹 C 결과 발표

결승 진출

1위 아프리카코끼리

3연승으로 승점 9점
무패로 예선 통과!

2위 큰개미핥기

1승 1무 1패로 승점 4점
최종 배틀에서 역전하며 예선 통과!

배틀 최종 결과	아프리카코끼리	얼룩무늬물범	큰개미핥기	두건피토휘	승점
아프리카코끼리	—	●3	●3	●3	9
얼룩무늬물범	×0	—	×0	●3	3
큰개미핥기	×0	●3	—	▲1	4
두건피토휘	×0	×0	▲1	—	1

예선 탈락

얼룩무늬물범

1승 2패로 승점 3점
최종 배틀에서 패해 3위!

두건피토휘

1무 2패로 승점 1점
승리 한 번 못하고 그룹 최하위!

C그룹 배틀 포인트

아프리카코끼리는 강력한 힘과 다양한 전술로 전승을 거두었다. 마지막 배틀을 치루기 전에는 큰개미핥기가 승점 1점, 얼룩무늬물범이 3점이었지만, 큰개미핥기가 역전승을 거두며 예선을 통과했다. 두건피토휘의 독 공격은 통하지 않았다.

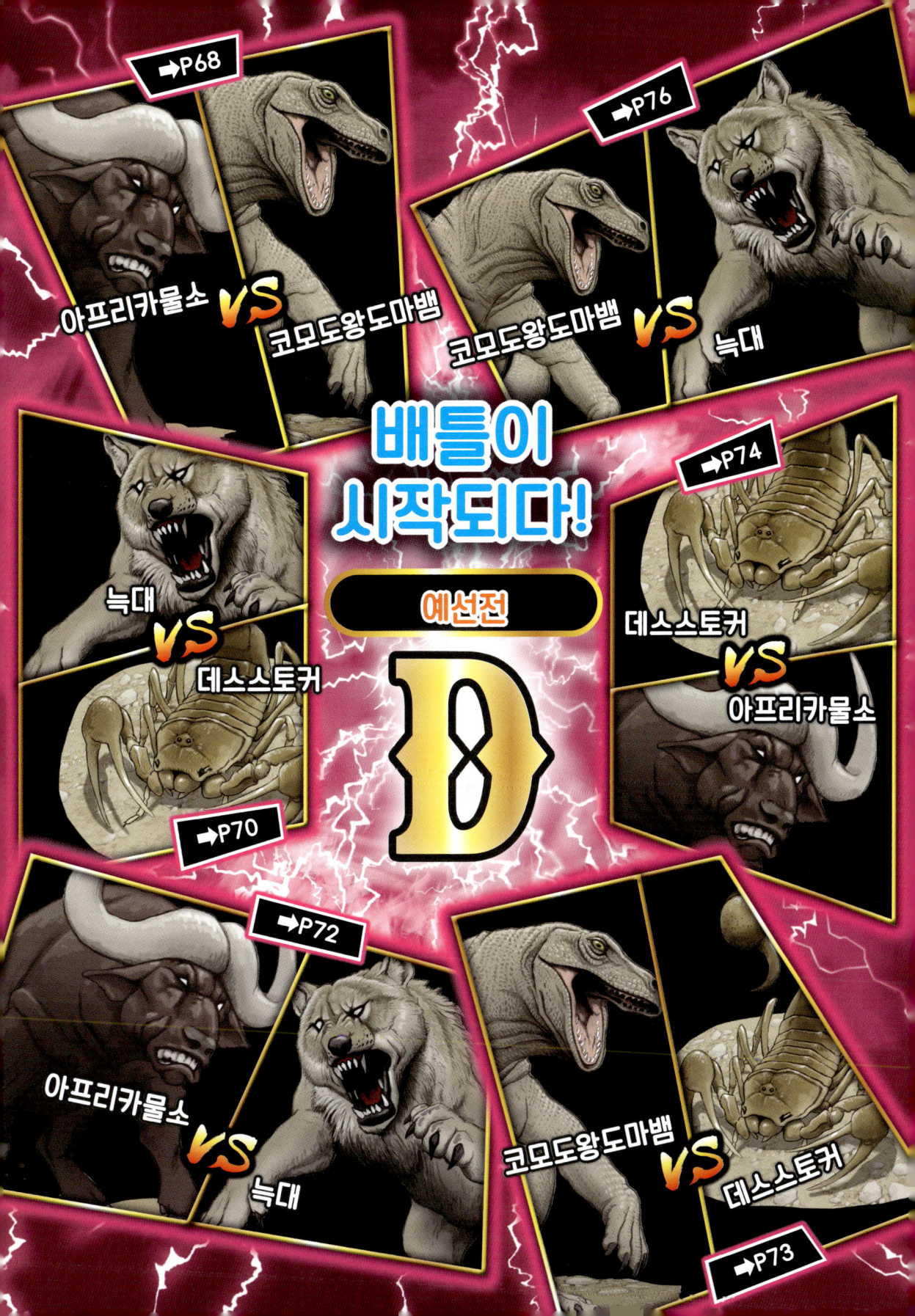

아프리카물소

그룹 D

위험성 B 등급

1m가 넘는 뿔로 돌진하는 아프리카의 전차

평소 100마리 이상의 무리가 물가에서 평화롭게 생활하지만, 매년 수많은 인간의 목숨을 앗아갈 만큼 위험천만한 동물이다. 1t에 이르는 거대한 몸집과 1m가 넘는 뿔로 돌진하는 위력이 엄청나서 천적인 사자와도 승부가 나지 않는다. 성질이 사납고, 자신보다 덩치가 큰 코끼리에게도 기죽지 않는다.

출몰 지역: 아프리카

위험 생물 정보
- 몸길이 : 2m~3.4m
- 몸무게 : 1t

코모도왕도마뱀

그룹 **D**

위험성 **A** 등급

세계 최대 크기의 도마뱀

인간의 두 배에 이르는 괴기스러운 몸집은 보는 것만으로도 오금이 저린다. 몸길이와 몸무게가 도마뱀 중에 가장 크며, 주로 포유류를 잡아먹는다. 먹잇감이 가까이 다가오기를 기다렸다가 순식간에 달려들어 침 속의 독으로 목숨을 빼앗는다. 일어서서 상대를 조르거나 꼬리로 공격하기도 한다.

출몰 지역: 인도네시아 코모도섬

위험 생물 정보
- 몸길이 : 2.6m~3.1m
- 몸무게 : 100kg

그룹 **D**

회색늑대

위험성 **A** 등급

출몰 지역
북아메리카
유라시아대륙

위험 생물 정보
▶ 몸길이 : 80cm~160cm
▶ 몸무게 : 20kg~80kg

포기를 모르는 끈질긴 집념

우두머리를 중심으로 모여 집단으로 행동하고, 울음 소리로 의사소통을 하는 등 동료 의식이 강하다. 집단 행동의 주요 목적은 사냥으로, 날카로운 엄니로 먹잇감을 여러 차례 물어뜯어 사냥한다. 시속 70km의 엄청난 속도로 달리며 사냥감의 발자국을 따라 몇 십 km라도 끈질기게 쫓아간다.

그룹 **D**

데스스토커

위험성 **C** 등급

등 뒤에서 맹독을 주입하는 사막의 사신

어둠 속이나 그늘진 곳에 숨어 있다가 기척도 없이 등 뒤로 다가오는 무시무시한 전갈이다. 집게발은 곤충을 사냥할 정도지만, 꼬리 끝의 독침은 온몸이 마비되고 심장 발작과 호흡 곤란이 올 정도의 맹독을 발사한다. 방향 전환이 빠르고 움직임이 민첩해서 한번 잡히면 도망치기 어렵다.

출몰 지역: 중동아시아, 아프리카 북부

위험 생물 정보
- 몸길이 : 0.8cm~1.1cm
- 몸무게 : 8g~12g

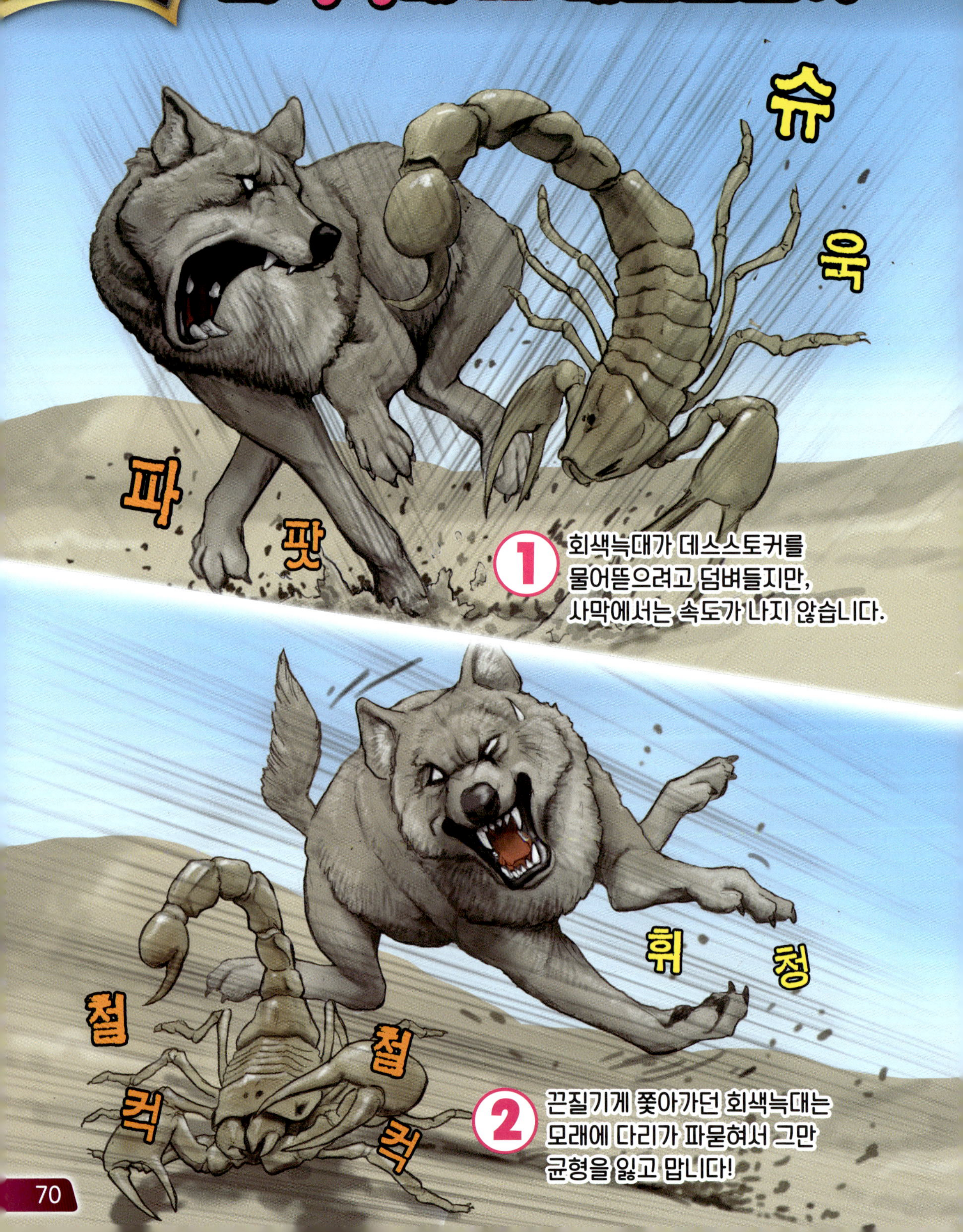

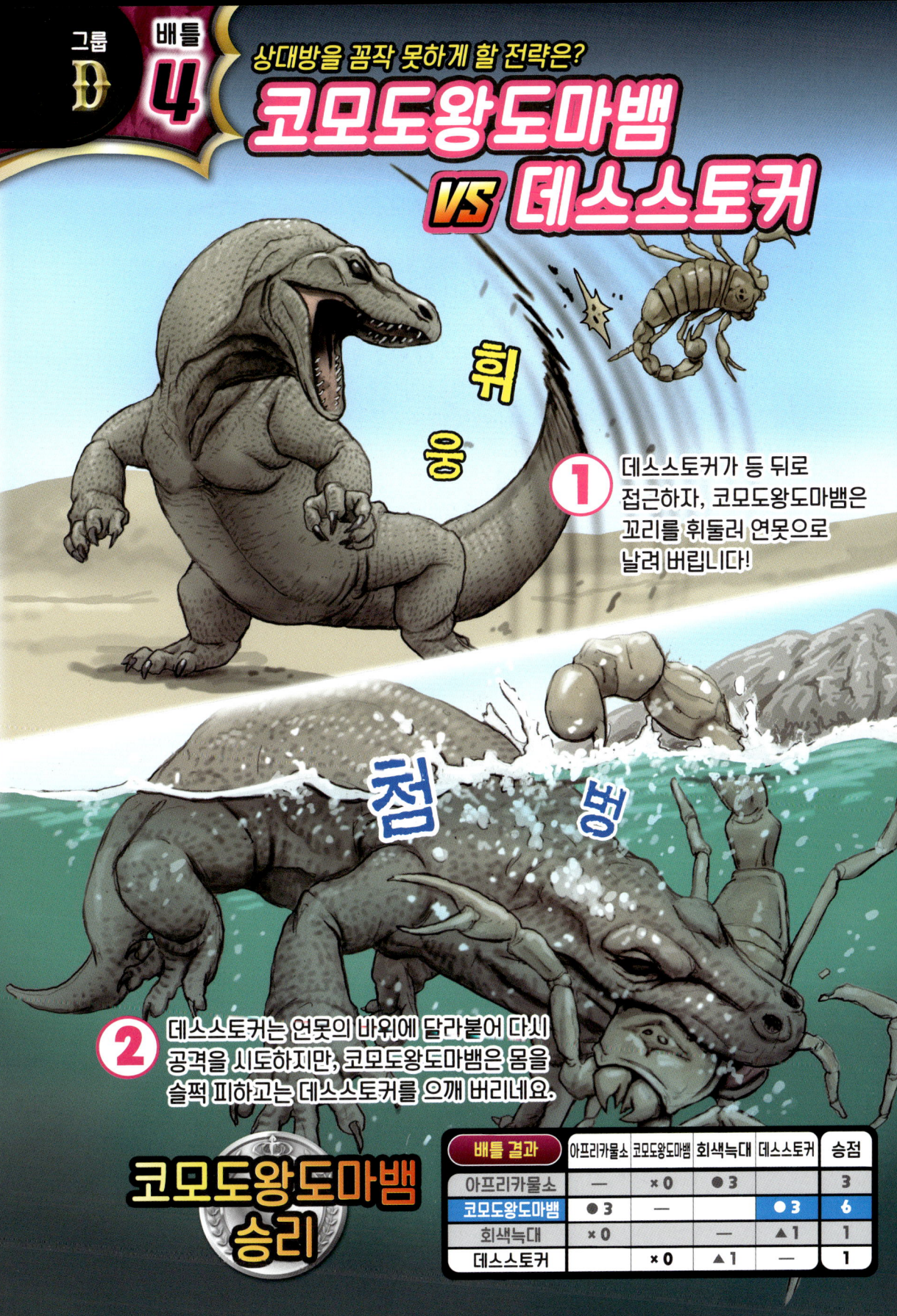

결과 발표

결승 진출

1 코모도왕도마뱀
3연승으로 승점 9점
무패로 예선 통과!

2 아프리카물소
1승 1무 1패로 승점 4점
마지막 대결에서 귀중한 1점 획득!

배틀 최종 결과	아프리카물소	코모도왕도마뱀	회색늑대	데스스토커	승점
아프리카물소	―	✕0	●3	▲1	4
코모도왕도마뱀	●3	―	●3	●3	9
회색늑대	✕0	✕0	―	▲1	1
데스스토커	▲1	✕0	▲1	―	2

예선 탈락

데스스토커
2무 1패로 승점 2점
두 번의 무승부로 3위!

회색늑대
1무 2패로 승점 1점
예상치 못한 그룹 최하위!

D그룹 배틀 포인트
몸집은 중형이지만 성질이 난폭한 코모도왕도마뱀이 전승을 달성했다. 첫 시합에서 패한 아프리카물소는 남은 두 시합에서 승점을 놓치지 않고 예선을 통과했다. 회색늑대와 데스스토커는 한 번도 승리하지 못했다.

위험 생물 충격 사건 기록

생존을 위한 싸움

사건 1 사냥 도중에 호저의 가시가 박힌 사자

1965년에 케냐의 사냥꾼이 사자에게 습격당한 사건이 잡지에 실렸다. 가뭄으로 먹잇감이 줄어, 인간을 공격한 것으로 보인다.
당시 사자의 코에는 호저의 가시가 박혀 있었다고 한다. 먹잇감이 줄어든 상황에서 평소에는 먹지 않는 호저를 잡아먹으려다 가시가 박힌 것으로 보인다.

먹잇감이 부족해서 호저를 공격했지만, 얼굴 주변에 가시가 박히고 말았다.

사건 2 범고래의 유인 작전

범고래가 물고기를 뱉어 내면 갈매기가 모여들고, 갈매기를 잡으려고 다가온 물범을 다시 범고래가 공격한다는 연구 보고가 있다. 또한 범고래는 복수심이 강해서 범고래의 새끼를 포획한 어선을 1주일이나 쫓아다녔다고 한다.

물고기 떼 주변으로 새가 모여들자, 점프해서 새를 잡아먹는 범고래

사건 3 대장 침팬지 습격 사건

아프리카 세네갈에서 침팬지들의 반란이 일어나 무리에서 쫓겨난 대장 침팬지가 사체로 발견되었다고 한다. 대장 침팬지의 목숨을 빼앗은 범인은 같은 무리의 동료 침팬지들로, 심지어 대장 침팬지를 먹어 치웠다고도 한다.

침팬지의 영역 다툼은 서로를 공격할 정도로 격렬하다.

위험 생물 충격 사건 기록

가장 무서운 적은 인간?

사건 4 인간이 아프리카코끼리에게 깔리다

불법 상아 거래로 매년 3만 마리 이상의 코끼리가 포획되고 있다. 아프리카의 짐바브웨에서 코끼리 사냥 중, 코끼리 한 마리가 코로 사냥꾼을 들어 올리는 일이 일어났다. 다른 사냥꾼이 총으로 코끼리를 사살하며 잡혔던 사냥꾼이 풀려났지만, 그 위로 코끼리가 쓰러져 결국 압사했다. 생태계의 가장 높은 곳에 군림하는 아프리카코끼리의 천적은 잔혹한 인간일지도 모른다.

자동차보다 훨씬 커다란 아프리카코끼리. 평소에는 얌전하지만, 위험에 빠지면 인간을 습격한다.

사건 5 섬의 수호신, 코모도왕도마뱀의 위기

공룡의 후손이라고도 하는 코모도왕도마뱀은 코모도섬의 일부나 다름없다.

인도네시아의 코모도섬은 세계 유산으로 지정된 곳이다. 이곳에 사는 코모도왕도마뱀은 섬의 수호신으로 여겨지며 보호되고 있다. 돼지나 사슴 등을 잡아먹고 인간은 공격하지 않는다. 그런데 어느 날, 숲에 들어간 소년이 허리 주변을 물려 출혈 과다로 사망하는 사건이 발생했다. 건기의 먹잇감 부족이 원인이었지만, 어쩌면 코모도왕도마뱀이 인간에게 보내는 경고일지도 모른다. 멸종 위기종인 코모도왕도마뱀을 지키기 위해 코모도국립공원 폐쇄와 주민 이전이 계획 중이다.

그룹 E

힌코뿔소

위험성 **A** 등급

출몰 지역: 아프리카

피부가 갑옷처럼 단단한 초거대 전차

초식 생물로 성격은 온순하지만, 암컷을 두고 수컷끼리 머리를 맞부딪쳐 싸움을 벌인다. 그 힘이 다른 생물을 향할 때도 있다. 코끼리 같은 거대한 체구와 뿔로 돌진하면 자동차를 파괴할 정도로 강력하다. 특히 두께 약 5cm의 피부는 갑옷처럼 단단해서 모든 생물의 공격을 튕겨 낸다.

위험 생물 정보
- 몸길이 : 3.4m~4.2m
- 몸무게 : 3t

불곰

그룹 E

위험성 B 등급

긴 발톱과 강력한 펀치를 가진 숲의 지배자

북반구 및 일본에도 서식하며 숲속 생태계의 정상에 있는 생물이다. 흥분하면 일어서서 거대한 앞다리로 펀치를 날리는데, 중형 동물은 이 펀치 한 방에 목숨을 잃는다. 6cm가 넘는 발톱과 날카로운 엄니의 힘은 상상을 초월하고, 두꺼운 피부와 털로 방어하며 시속 50km로 빠르게 달린다.

출몰 지역: 유라시아대륙 북부, 북아메리카

위험 생물 정보
- 몸길이 : 1.7m~2.8m
- 몸무게 : 500kg

그룹 E — 결과 발표

결승 진출

1위 흰코뿔소
2승 1패로 승점 6점
최종 대결 전에 1위로 예선 통과 확정!

2위 불곰
1승 1무 1패로 승점 4점
최종 대결에서 승리 후 추첨으로 예선 통과!

배틀 최종 결과	흰코뿔소	불곰	치타	장수말벌	승점
흰코뿔소	—	●3	●3	×0	6
불곰	×0	—	●3	▲1	4
치타	×0	×0	—	●3	3
장수말벌	●3	▲1	×0	—	4

예선 탈락

장수말벌
1승 1무 1패로 승점 4점
추첨 결과 3위로 예선 탈락!

치타
1승 2패로 승점 3점
승점 1점 차이로 그룹 최하위!

E그룹 배틀 포인트

흰코뿔소가 1위로 예선 통과를 확정 지은 가운데, 남은 한 자리를 두고 다른 생물들이 대결을 벌였다. 장수말벌과 불곰 모두 1승을 거두었고, 직접 대결을 펼친 결과 무승부로 끝나, 추첨으로 탈락자가 결정되었다.

그룹 **F**

호저

위험성 **C** 등급

- 파워
- 스피드
- 난폭성
- 지능
- 기술

출몰 지역
북아메리카

위험 생물 정보
▶ 몸길이 : 70cm~85cm
▶ 몸무게 : 10kg~20kg

맹수도 겁먹는 온몸의 가시털 공격!

적이 가까이 다가오면 등에서 엉덩이까지 뒤덮인 털이 단단한 가시로 변한다. 길게는 30cm나 되는 털이 3만 개나 돋아 있다. 뒤로도 돌진할 수 있으며 털에 갈고리 같은 돌기가 있어서 찔리면 쉽게 빠지지 않는다. 눈이나 입, 내장에 털이 박히면 치명상을 입는다.

그룹 F 배틀 4

맹독을 두려워하지 않는 이유는?

독물총코브라 VS 라텔

① 풀숲에서 갑자기 모습을 드러낸 라텔에게 독물총코브라가 독을 발사합니다! 라텔은 얼굴로 독을 막아 내는군요.

② 끊임없이 라텔에게 달려드는 독물총코브라! 하지만 결국 라텔에게 물어뜯겨 쓰러지고 마네요!

※ 사실, 라텔은 코브라의 독이 통하지 않는 체질이다.

라텔 승리

배틀 결과	하마	독물총코브라	호저	라텔	승점
하마	—	● 3	● 3		6
독물총코브라	× 0	—		× 0	0
호저	× 0		—	▲ 1	1
라텔		● 3	▲ 1	—	4

그룹 F 배틀 6 - 기분 나쁜 냄새 대결! 라텔 VS 하마

① 라텔은 하마의 영역에 들어가 긴 발톱으로 여기저기 구멍을 파기 시작합니다.

※라텔은 흙 속에 있는 쥐 등을 잡아먹기 위해 구멍을 파는 습성이 있다.

퍽 퍽 퍽

② 화가 난 하마가 돌진해 오지만, 라텔이 파 놓은 구멍에 빠져 움직이지 못합니다. 이때 라텔이 하마의 몸통을 발톱으로 찌르는데요!

미끌

그룹 F — 결과 발표

결승 진출

1위 하마
2승 1무로 승점 7점
부상 없이 1위로 예선 통과!

2위 라텔
1승 2무로 승점 5점
마지막에 무승부로 끝내며 2위로 통과!

배틀 최종 결과	하마	독물총코브라	호저	라텔	승점
하마	—	●3	●3	▲1	7
독물총코브라	×0	—	●3	×0	3
호저	×0	×0	—	▲1	1
라텔	▲1	●3	▲1	—	5

예선 탈락

독물총코브라
1승 2패로 승점 3점
연패의 영향으로 3위!

호저
1무 2패로 승점 1점
최종 대결 패배로 그룹 최하위!

F그룹 배틀 포인트

모두가 두 번째 시합을 마친 시점에서 하마가 예선 통과를 확정 지었다. 예선 탈락이 결정된 독물총코브라는 마지막 대결에서 호저에게 승리를 거두었다. 결승 진출의 남은 한 자리는 라텔이 차지했다.

더 궁금한 위험천만 생물들!
신체 능력이 뛰어난 고양잇과 동물

재규어

강력한 턱의 힘으로 단번에 급소를 물어뜯는다!

위험성 **B** 등급

고양잇과 중에 물속에서의 움직임이 가장 뛰어난 동물이다. 물어뜯는 힘도 세서 딱딱한 악어의 머리도 물어서 으깨버린다. 다른 고양잇과 동물은 적의 목을 물어서 질식사시키지만, 재규어는 단번에 급소를 공격해 아마존 최강자로 불린다. 앞다리의 힘도 강력해 작은 동물은 펀치 한 방으로도 치명상을 입는다. 물속이나 나무 위에서도 싸울 수 있는 다재다능한 동물이다.

몸길이는 1.5m~1.8m로 몸무게는 100kg 전후이다. 중앙아메리카, 남아메리카에 서식한다.

표범

환경 적응이 뛰어나서 다양한 지역에 서식한다. 나무타기를 잘하고, 나무 위에서 갑자기 뛰어내려 강력한 턱으로 물어뜯어 공격한다. 게다가 포획한 먹잇감을 나무 위로 끌고 올라갈 정도로 힘이 세다. 발톱을 넣었다 뺐다 할 수 있으며, 발바닥이 부드러워 소리를 내지 않고 적에게 몰래 접근한다. 몸이 유연하고 거리 약 6m, 높이 2.5m 이상을 뛸 수 있다.

위험성 **C** 등급

살금살금 다가가 기습 공격!

몸길이는 1m~1.9m이며 몸무게는 30kg~90kg이다. 아시아와 아프리카에 서식한다.

더 궁금한 위험천만 생물들!

살상력을 지닌 맹독성 생물

집단으로 공격하면 맹독성 벌에 쏘인 것보다 고통스럽다!

위험성 B 등급

총알개미

큰 것은 30mm이며 발에 밟힌 정도로는 죽지 않을 만큼 몸통이 단단하다. 곤충 등의 먹잇감은 삼각형 턱으로 물어 잡아먹지만, 위험이 닥치면 엉덩이의 독침으로 상대를 찌른다. 인간의 목숨을 위협할 정도의 독성은 아니지만, 집단으로 공격하면 쇼크 상태에 빠져 위험해질 수 있다. 그 고통이 격렬해서 붓기와 마비 상태가 며칠간 계속되기도 한다.

큰 것은 30mm에 이르며 중앙아메리카, 남아메리카에 서식한다.

황금독화살개구리

몸통은 선명한 노란색이고, 피부에 닿으면 심각한 염증을 일으킨다. 인간이 화살촉에 이 개구리의 독을 발라 사냥을 한 것에서 이름이 붙여졌다. 독의 위력이 독화살개구리과 중에서도 가장 강력하며, 한 마리가 인간 10명 혹은 코끼리 2마리를 죽음에 이르게 할 정도의 독성을 지녔다. 공격성은 없지만, 실수로라도 만지면 목숨을 잃을 수 있다.

위험성 C 등급

한 마리로 인간 10명의 목숨을 빼앗다!

몸길이는 30mm~50mm이며 콜롬비아의 열대우림에 서식한다.

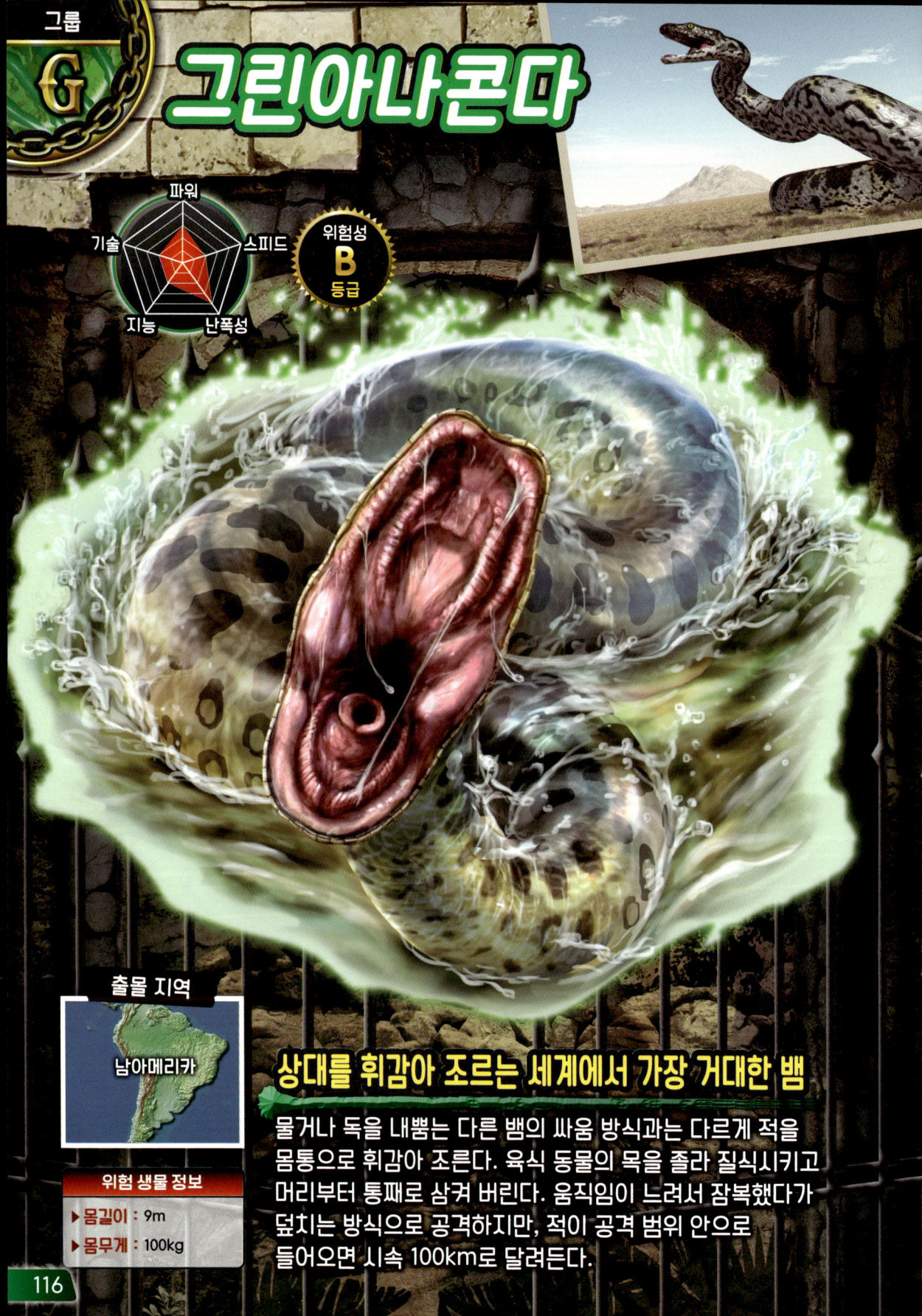

시베리아호랑이

그룹 **G**

위험성 **A** 등급

파워 / 스피드 / 난폭성 / 지능 / 기술

싸우면서 진화하는 최강 맹수 파이터

앞다리 펀치와 갈고리발톱, 엄니와 턱이 위협적이며 엄청난 스피드와 점프로 적에게 다가간다. 맹수 중에서 체격은 중형급이지만, 뛰어난 운동 능력과 공격력을 갖추어 거대 생물도 거침없이 공격한다. 나무에 오르고 물속을 헤엄치며 뒤에서 몰래 공격하는 등 다양한 전술을 사용한다.

출몰 지역: 유라시아대륙

위험 생물 정보
- 몸길이 : 2m~3m
- 몸무게 : 400kg

그룹 **G**

화식조

위험성 **B** 등급

파워 / 스피드 / 난폭성 / 지능 / 기술

출몰 지역
- 뉴기니섬
- 인도네시아
- 오스트레일리아

위험 생물 정보
- 몸길이 : 1.3m~1.7m
- 몸무게 : 50kg

엄청난 파괴력의 발차기, 세계에서 가장 위험한 새!

50kg의 몸무게를 지탱하고 시속 50km로 달리는 강인한 다리로 발차기를 날리면 중형 생물도 단번에 나가떨어진다. 날지는 못하지만, 몸을 날려서 약 2m 거리에 있는 적을 공격할 수 있다. 12cm나 되는 발톱이 위협적이며, 헬멧처럼 단단한 머리로 적의 공격을 방어한다.

그룹 G

흡혈박쥐

위험성 C 등급

피를 빨아먹는 공포의 흡혈귀

포유류의 피를 빨아 먹는 박쥐는 지구상에 흡혈박쥐뿐이다. 면도칼처럼 날카로운 이빨로 상처를 내서 흐르는 피를 빨아먹는다. 무서운 점은 물렸을 때 통증이 심하지 않아 알아채지 못하는 사이에 피가 빨린다는 것이다. 코로 주변 정보를 감지하며, 항상 따뜻한 피를 찾아다닌다.

출몰 지역: 북아메리카, 남아메리카

위험 생물 정보
- 몸길이: 7cm~9cm
- 몸무게: 15g~50g

그룹 G

결과 발표

결승 진출

1위 화식조

2승 1무로 승점 7점
큰 부상 없이 1위로 예선 통과!

2위 시베리아호랑이

1승 2무로 승점 5점
최종 대결에서 무승부로 예선 통과!

배틀 최종 결과	그린아나콘다	시베리아호랑이	화식조	흡혈박쥐	승점
그린아나콘다	—	×0	×0	●3	3
시베리아호랑이	●3	—	▲1	▲1	5
화식조	●3	▲1	—	●3	7
흡혈박쥐	×0	▲1	×0	—	1

예선 탈락

그린아나콘다

1승 2패로 승점 3점
연패 끝에 그룹 3위!

흡혈박쥐

1무 2패로 승점 1점
승리 없이 그룹 최하위!

G그룹 배틀 포인트

1위를 노렸던 화식조와 시베리아호랑이의 최종 대결은 무승부로 끝나고 화식조가 1위로 예선을 통과했다. 그린아나콘다는 최종 대결에서 승리했지만, 모든 그룹의 대형 생물 중 유일하게 예선 탈락했다.

바다악어

그룹 H

위험성 A 등급

출몰 지역
동남아시아

위험 생물 정보
- 몸길이: 5m~6m
- 몸무게: 400kg~1t

엄청난 턱의 힘! 세계에서 가장 크고 강한 악어

갑자기 튀어나와 적을 물속으로 끌고 들어가며, 날카로운 이빨과 티라노사우루스에 맞먹는 턱의 힘으로 몸통을 갈기갈기 찢어버린다. 몸을 비틀어 물면 그 위력이 더해진다. 긴 꼬리로 3m 넘게 뛰어, 새도 바다악어의 공격을 피할 수 없다. 수영 실력 또한 뛰어나며 바다에서도 헤엄칠 수 있다.

그룹 **H**

전기뱀장어

위험성 **C** 등급

파워 / 스피드 / 난폭성 / 지능 / 기술

치명적인 전기 충격 스나이퍼

고인 물속에 숨어 있다가 적을 감지하면 800볼트의 전기를 흘려보내 엄청난 충격을 준다. 상어나 말 같은 대형 동물도 전기 충격을 받아 익사하기도 한다. 평소 약한 전력을 흘려보내 먹잇감이 숨은 장소를 찾아내는 감지 능력이 뛰어나다. 뒤로도 헤엄칠 수 있다.

출몰 지역
남아메리카

위험 생물 정보
- 몸길이 : 1.8m
- 몸무게 : 20kg

부채머리수리

그룹 H

위험성 B 등급

커다란 포유류도 덮치는 하늘의 헌터

몸통은 조류 중에서도 가장 크며 10cm가 넘는 발톱은 원숭이나 나무늘보 같은 포유류를 움켜잡고 날아갈 정도로 힘이 세다. 공격할 땐 시속 80km로 날아가며 붙잡히면 부리로 살점을 뜯기고 만다. 나무 사이를 누비며 날아다니는 모습이 박력 넘친다.

출몰 지역: 중앙아메리카, 남아메리카

위험 생물 정보
- 몸길이: 80cm~1.6m
- 몸무게: 4.5kg~7.5kg

흡혈메기

그룹 **H**

위험성 **C** 등급

몸속까지 침입해 욕심을 채우는 킬러

소형 물고기지만, 큰 물고기를 잡아먹는다. 아가미를 통해 몸속으로 들어가 지느러미와 가시로 몸속에 상처를 낸다. 지느러미에 돌기가 있어, 몸부림칠수록 살 속으로 파고든다. 더구나 물고기가 아닌 생물의 몸속에도 들어간다고 하며, 고통으로 쇼크사에 이르거나 감염되기도 한다.

출몰 지역: 남아메리카

위험 생물 정보
- 몸길이 : 10cm~30cm
- 몸무게 : 측정 불가

결과 발표

결승 진출

1위 바다악어

2승 1무로 승점 7점
최종 대결에서 승리하며 그룹 1위!

2위 전기뱀장어

1승 1무 1패로 승점 4점
최종 대결 승리로 역전하며 예선 통과!

배틀 최종 결과	바다악어	전기뱀장어	부채머리수리	흡혈메기	승점
바다악어	—	▲1	●3	●3	7
전기뱀장어	▲1	—	●3	×0	4
부채머리수리	×0	×0	—	●3	3
흡혈메기	×0	●3	×0	—	3

예선 탈락

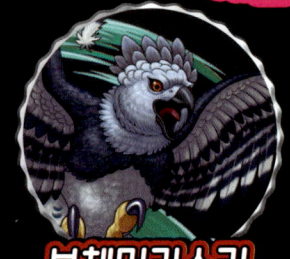

부채머리수리

1승 2패로 승점 3점
최종 대결 패배로 예선 탈락!

흡혈메기

1승 2패로 승점 3점
직접 대결 결과 그룹 최하위!

H그룹 배틀 포인트

최종 대결 이전에는 바다악어와 부채머리수리, 흡혈메기가 모두 1위로 예선을 통과할 수 있었지만, 결국 바다악어가 1위에 오르고 예상 밖으로 전기뱀장어가 2위를 차지했다. 예측 불가능한 팽팽한 예선전을 치렀다.

위험 생물 충격 사건 기록

인간도 방심은 금물!

사건 6 인간의 몸에 침입한 흡혈메기

물고기의 아가미에 침입하는 흡혈메기가 인간을 공격했다는 사건 기록이 있다. 1981년 아마존에서 여객선이 침몰했는데, 그곳에는 흡혈메기가 서식하고 있었고 200명 이상이 사망했다. 흡혈메기는 인간의 입과 귀, 항문, 요도를 통해 침투할 수 있다. 인도에서는 흡혈메기의 수조를 청소하던 소년이 화장실에 갔다가 손에 쥐고 있던 흡혈메기가 요도를 통해 몸속으로 들어간 사건이 발생하기도 했다.

사육하고 있던 흡혈메기가 몸속에 들어오는 일이 벌어지기도 한다.

사건 7 인간에게도 달려드는 점박이하이에나

시체에 모여드는 하이에나. 동물의 종류를 가리지 않으며, 인간도 그 대상이 될 수 있다.

케냐에서 소 떼를 몰고 집으로 향하던 남성이 사자의 공격을 받았다. 과감하게 사자에게 맞선 남자는 창으로 찔러 사자를 물리쳤다. 하지만 그 후 풀숲에서 나타난 하이에나 무리에게 공격당해 온몸에 상처를 입고 과다 출혈로 사망했다. 이 마을에는 사자와 맞서 싸우는 풍습이 있지만, 그 현장을 하이에나가 습격할 것이라는 예상은 못 한 것이다. 이처럼 하이에나에게 목숨을 잃는 사건이 여러 차례 발생하고 있다.

위험 생물 충격 사건 기록

동물 생태의 수수께끼

사건 8 그린아나콘다의 몸에 들어가려고 한 연구원

미국의 한 연구원이 아마존을 연구하기 위해 그린아나콘다의 몸에 잠입하려 했다. 몸을 보호하기 위해 설계된 특수 방어복을 입고 돼지 피를 발라 아나콘다를 유인했지만, 작전은 실패로 끝나고 말았다. 그린아나콘다에게 몸이 둘둘 휘감긴 연구원이 포기했기 때문이다. 특수 방어복이 100kg이 넘는 그린아나콘다의 조르는 힘을 당해내지 못했다고 한다.

우주 영화에 나올 것 같은 특수 방어복도 그린아나콘다의 힘을 견디지 못했다.

사건 9 인간의 피를 찾아다니는 흡혈박쥐

흡혈박쥐는 새와 같은 동물의 피를 빨아 영양 보충을 하지만, 브라질의 연구 조사에 따르면 흡혈박쥐의 똥에서 인간 혈액의 DNA가 발견되었다. 벌목과 수렵으로 먹잇감이 부족해져, 흡혈박쥐가 인간을 새 먹잇감으로 삼았을지도 모른다. 흡혈 자체는 큰 피해를 주지 않지만, 흡혈할 때 바이러스가 침입해 감염을 일으킬 수도 있다. 현재 연구자들이 흡혈박쥐의 생태 조사를 진행하고 있다.

피를 빨면서 생기는 상처를 통해 인간의 몸에 바이러스가 침투할 위험이 있다.

결승 토너먼트 대진표

우승

결승 토너먼트에는 예선전 각 그룹에서 1위와 2위를 한 위험 생물이 출전한다. 위험 생물 배틀의 우승컵을 차지할 수 있는 생물은 16종뿐이다!

결승전
➡P186

준결승
배틀 1
➡P182

준준결승
배틀 1
➡P172

준준결승
배틀 2
➡P174

배틀 1
➡P152

배틀 2
➡P154

배틀 3
➡P156

배틀 4
➡P158

B	H	A	G	C	F	D	E

범고래	전기뱀장어	사자	시베리아 호랑이	아프리카 코끼리	라텔	코모도 왕도마뱀	불곰
그룹 B: 1위	그룹 H: 2위	그룹 A: 1위	그룹 G: 2위	그룹 C: 1위	그룹 F: 2위	그룹 D: 1위	그룹 E: 2위

150

결승 토너먼트 관전 포인트

각 그룹 1위의 위험 생물이 다른 그룹 2위의 위험 생물과 대결한다. 승점과 직접 대결로 승부가 나지 않았을 땐 추첨으로 1·2위를 결정한 그룹도 있으므로 반드시 1위가 세다고는 할 수 없다.

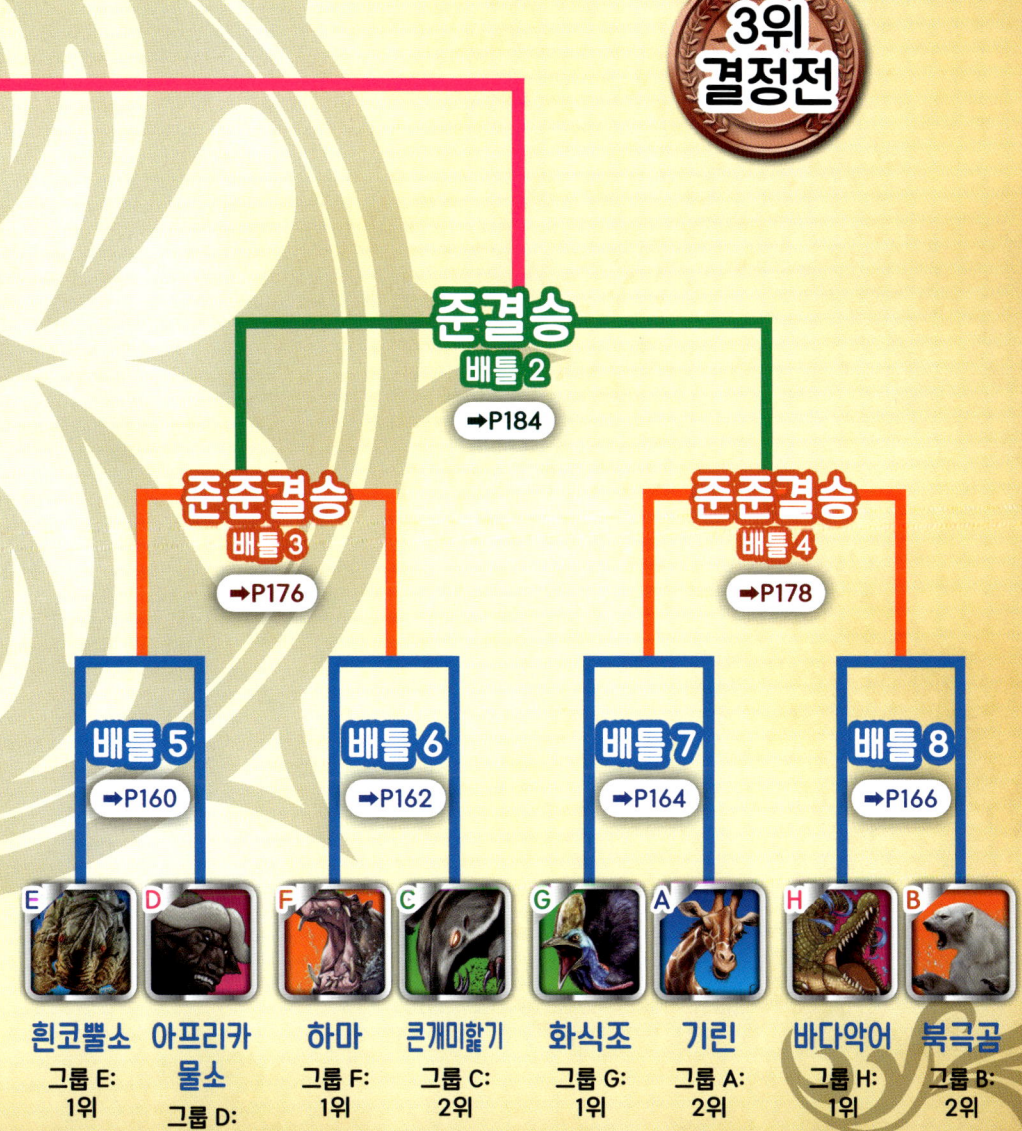

3위 결정전

준결승 배틀 2 ➡P184

준준결승 배틀 3 ➡P176

준준결승 배틀 4 ➡P178

| 배틀 5 ➡P160 | 배틀 6 ➡P162 | 배틀 7 ➡P164 | 배틀 8 ➡P166 |

E	D	F	C	G	A	H	B
흰코뿔소	아프리카 물소	하마	큰개미핥기	화식조	기린	바다악어	북극곰
그룹 E: 1위	그룹 D: 2위	그룹 F: 1위	그룹 C: 2위	그룹 G: 1위	그룹 A: 2위	그룹 H: 1위	그룹 B: 2위

위험 생물 충격 사건 기록

기계를 뛰어넘는 능력

사건 10 차를 500m나 맹추격한 흰코뿔소

남아프리카의 크루거국립공원에서 강을 따라 운전하던 차를 향해 흰코뿔소가 돌진하는 사건이 발생했다. 울퉁불퉁한 길에서 급커브를 돌았지만, 흰코뿔소는 기죽지 않고 가까이 다가왔다. 흰코뿔소는 약 500m를 따라온 끝에 추격을 포기했지만, 그 스피드와 지구력은 엄청났다. 독일의 사파리 공원에서는 흰코뿔소가 직원의 차를 들이받아 장난감처럼 세 바퀴나 뒤집은 사건이 발생하기도 했다.

흰코뿔소의 엄청난 파워는 차를 가볍게 뒤집어 버린다.

사건 11 고속보트를 따라붙은 하마

짐바브웨의 카푸에국립공원에서 수상 사파리 투어 도중, 보트에서 가까운 곳에 거대한 하마가 나타났다. 하마는 엄청난 속도로 헤엄쳐 보트 근처에 모습을 드러냈고, 조종사가 최대 속도로 달아났지만 하마는 계속 뒤쫓아왔다. 하마의 추격은 따돌렸으나 하마에 부딪혔다면 보트는 뒤집히고 사람들은 목숨을 잃었을 것이다. 이 사건은 영상으로 남아 있으며, 하마의 추격 장면은 공포 그 자체이다. 고속보트라도 안심할 수 없다.

하마를 관람하는 사파리 투어에서는 손으로 노를 젓는 보트를 타기도 하는데, 공격당하면 도망칠 수 없을지도 모른다.

위험 생물 충격 사건 기록

인간을 위협한 사건

사건 12 바다악어가 사는 강에서 행방불명된 군인들

1975년 12월, 셀레베스(현재는 술라웨시)섬의 강에서 약 100명이 탄 보트가 침몰해 근처에 있던 바다악어 떼에게 42명이 목숨을 잃고 말았다. 더 참혹한 사건은 제2차 세계 대전 중에 일어났다. 벵골만 람리섬의 늪지에서 영국군과 1,000명이 넘는 일본군이 충돌했고 밤부터 다음 날 이른 새벽까지 소름 끼치는 비명이 계속되었다. 부상자들이 흘린 피 냄새에 이끌려 바다악어가 모여들었을 것으로 추측하고 있다.

사파리 투어에서 가이드가 막대로 먹잇감을 내밀면 강에서 악어가 달려든다.

사건 13 일본 곳곳을 공포에 몰아넣은 불곰의 습격

1915년 홋카이도에서 불곰이 여러 차례 민가를 습격해 7명이 사망하고 3명이 중상을 입은 사건이 일어났다. 토벌대가 불곰을 사살하면서 사건은 마무리되었지만, 사람들은 엄청난 충격을 받았다. 당시 사람들은 횃불을 피워 곰의 접근을 막았지만, 이 사건으로 곰이 불을 무서워한다는 설은 뒤집히고 말았다. 보통 불곰은 인간을 경계하지만, 인간을 한 번 공격하기 시작한 불곰은 인간을 사냥감으로 인식한다는 조사 결과가 보고되었다.

당시의 사건을 복원해 관광지로 활용하고 있다.

토너먼트 대진표

B 그룹 1위
범고래

G 그룹 2위
시베리아호랑이

C 그룹 1위
아프리카코끼리

D 그룹 1위
코모도왕도마뱀

최강 생물

승리를 거둔 최강왕의 자리를

준결승

결승 진출

왼쪽 토너먼트 배틀 포인트

중형 생물과 대형 생물이 맞붙는다. 대형 생물은 힘으로 압도적인 우위를 차지하고, 중형 생물은 그에 맞설 전술을 구사한다. 배틀의 결말은 전투 전략으로 결정된다.

베스트 8 확정!

8 생물이 노리다!

결승 진출

준결승

E 그룹 1위	흰코뿔소
F 그룹 1위	하마
A 그룹 2위	기린
H 그룹 1위	바다악어

오른쪽 토너먼트 배틀 포인트

배틀은 육지와 물가 양쪽에서 치러진다. 육지와 물가에서의 전투는 빠르게 전개된다. 필살기를 언제 어떻게 사용할 것인가에 따라 눈 깜짝할 사이에 승패가 결정된다.

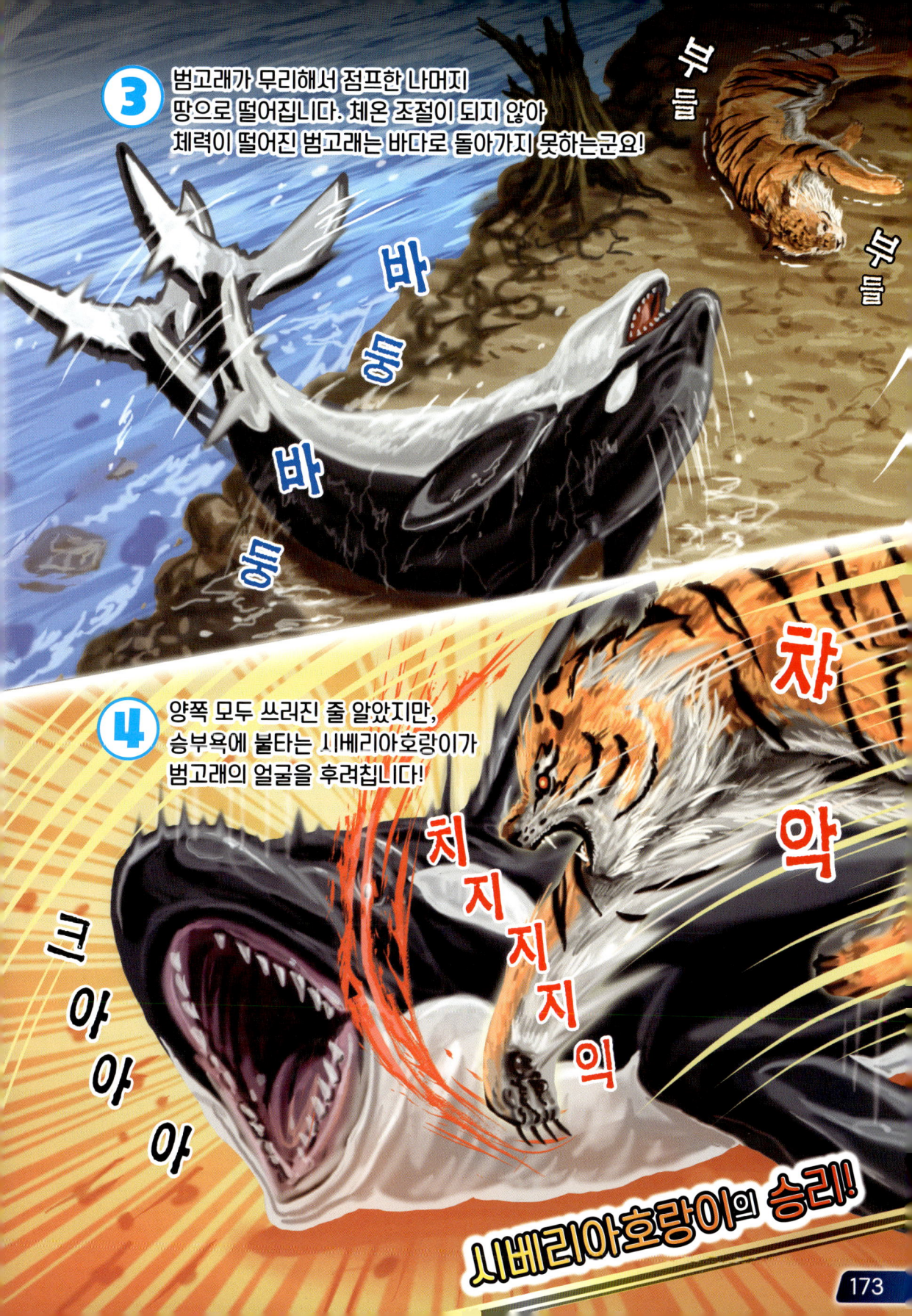

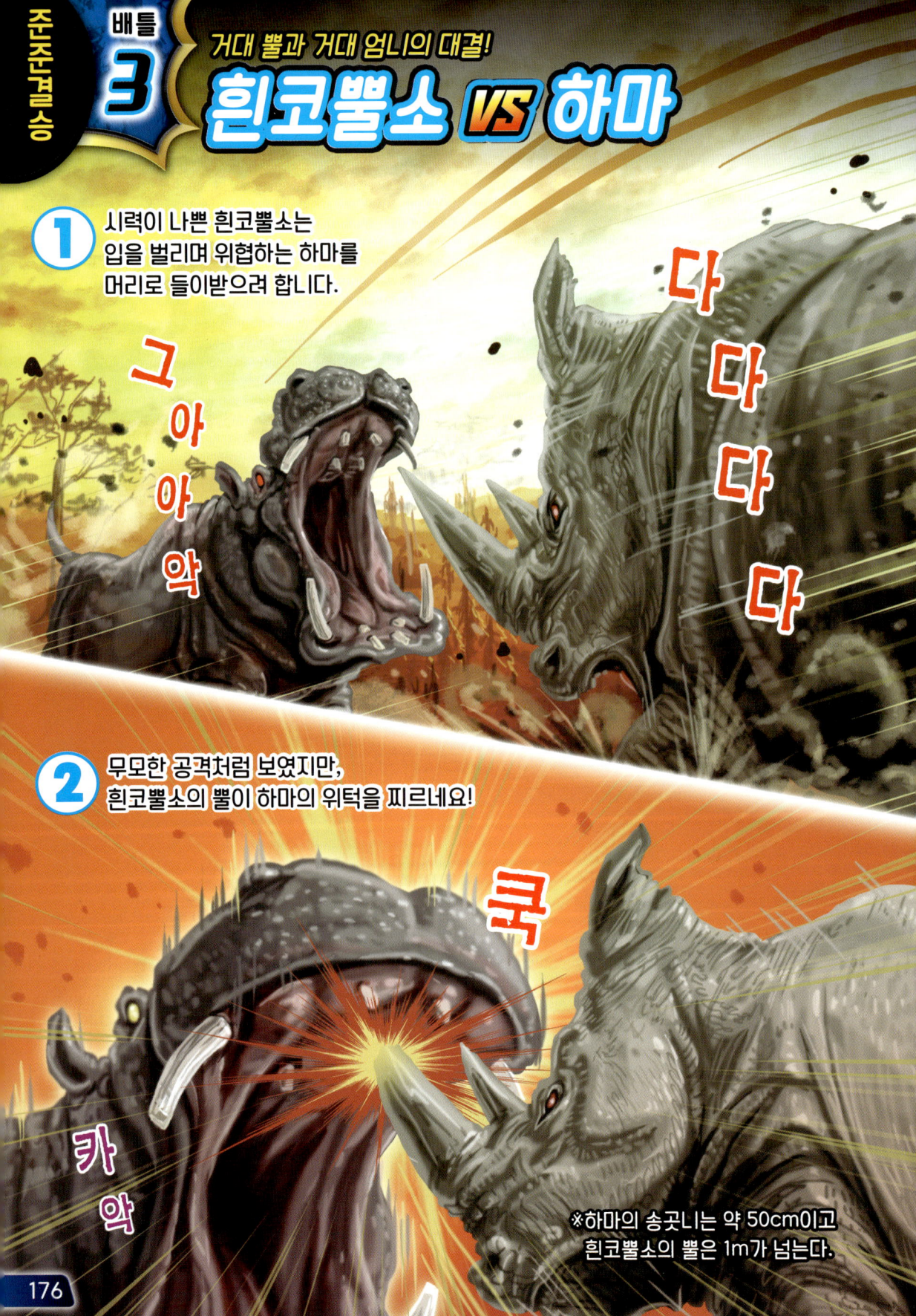

만지면 위험한 바다의 맹독 생물

푸른고리문어

몸통의 푸른 고리 모양이 아름다워 보이지만, 이 모양은 위험을 느꼈을 때 나타난다. 평소에는 바위 등의 주변 색으로 위장한다. 날카로운 이빨과 복어처럼 맹독을 가지고 있어서 무심코 만져서는 안 된다. 만약 인간이 푸른고리문어에게 물리면 구토, 근육 마비, 호흡 곤란이 일어나며 최악일 때는 목숨을 잃을 수도 있다. 물고기와 새우, 게 등을 잡아먹으며 일본 해안에도 서식하고 있다.

복어와 같은 맹독으로 물어서 공격한다!

위험성 **B** 등급

몸길이는 약 12cm이고 서태평양의 열대·아열대 바다, 일본 관동 지역의 바다에 서식한다.

대보초청자고둥

크게 벌린 입에서 갈고리처럼 생긴 독침을 발사해 작은 물고기 등을 사냥하는 무서운 고둥이다. 청자고둥류에 속하며 비슷한 맹독성 고둥이 오키나와 등의 일본에서도 발견되고 있다. 인간이 이 고둥의 침에 찔리면 온몸이 저리고 최악의 경우 호흡 곤란으로 생명이 위험할 수 있다. 자갈처럼 몸을 위장해 알아채기 어렵고, 일반 고둥과 생김새가 비슷하다.

위험성 **C** 등급

침을 작살처럼 찔러서 맹독을 주입한다!

껍데기의 길이는 10~15cm이다. 인도양과 태평양에 서식하며 일본에서도 발견된다.

더 궁금한 위험천만 생물들!
무차별 공격의 대표 주자

눈에 거슬리면 무엇이든 물어뜯는다!

늑대거북

물속에서는 온순하지만, 육지에 올라오면 눈에 띄는 것은 무엇이든 물어뜯는 위험한 거북이다. 턱의 힘이 강력하고 이빨이 면도날처럼 날카로워서 물리면 큰 부상을 입는다. 북아메리카와 남아메리카에 서식하며, 일본에도 애완동물로 키우다 버려져 야생화된 늑대거북이 존재한다. 갑각류나 조개류, 어류와 양서류, 조류, 포유류 등의 시체를 먹기도 한다.

위험성 B 등급

몸길이는 50cm이고 북남미에 서식하며 일본 각지에서 발견된다.

방울뱀

위험에 빠지면 꼬리를 격렬히 흔들어 '찰랑찰랑' 하는 소리를 낸다. 파충류와 조류, 소형 포유류를 잡아먹으며, 이빨로 물어 맹독을 주입한다. 독은 혈액과 함께 온몸에 퍼져 몸을 파괴한다. 방울뱀에게 물려도 치료 방법이 발달해 죽음에 이르지는 않는다. 그러나 힘이 세서 물리면 손가락이 잘릴 정도로 위협적이다.

기묘한 소리를 내며 느닷없이 튀어 오른다!

위험성 C 등급

몸길이는 60~80cm이고 종류에 따라 2m가 넘기도 하며 북남미에 서식한다.

최종 결과 발표

우승: 시베리아호랑이

준결승·결승 배틀 포인트

시베리아호랑이는 준결승에서 아프리카코끼리, 결승에서 하마와 같은 대형 생물과 맞붙어 스피드와 기술, 전략을 활용해 승리했다. 준결승에서 바다악어와 맞붙은 하마는 턱의 힘을 겨루며 승리했지만, 결승에서는 배틀 장소를 효율적으로 활용하지 못했다. 시베리아호랑이가 예선전에서 1승 2무를 거둘 정도로 팽팽했던 최강왕 배틀이었다.

2위 하마

3위 아프리카코끼리

바다악어

위험 생물 색인

이 책에 등장하는 위험 생물을 ㄱㄴㄷ순으로 찾아보자.

표시한 숫자는 해당 위험 생물을 소개하는 페이지를 나타낸다.

 ㄱ

고깔해파리(B) ➡33
그린아나콘다(G) ➡116
기린(A) ➡14

 ㄷ

데스스토커(D) ➡67
독물총코브라(F) ➡99
두건피토휘(C) ➡51

 ㄹ

라텔(F) ➡101

 ㅂ

바다악어(H) ➡132
범고래(B) ➡30
부채머리수리(H) ➡134
북극곰(B) ➡31
불곰(E) ➡83

ㅅ

사자(A) ➡15
시베리아호랑이(G) ➡117

ㅇ

아프리카물소(D) ➡64
아프리카코끼리(C) ➡48
얼룩무늬물범(C) ➡49

 ㅈ

장수말벌(E) ➡85
전기뱀장어(H) ➡133
점박이하이에나(A) ➡16
줄무늬스컹크(A) ➡17

 ㅊ

치타(E) ➡84
침팬지(B) ➡32

 ㅋ

코모도왕도마뱀(D) ➡65
큰개미핥기(C) ➡50

 ㅎ

하마(F) ➡98
호저(F) ➡100
화식조(G) ➡118
회색늑대(D) ➡66
흡혈메기(H) ➡135
흡혈박쥐(G) ➡119
흰코뿔소(E) ➡82